D0761395

KiWi **81** Joseph Roth
Juden auf Wanderschaft

Joseph Roth

Juden auf Wanderschaft

Kiepenheuer & Witsch

© 1976, 1985 by Verlag Allert de Lange, Amsterdam,
und Verlag Kiepenheuer & Witsch, Köln
Umschlag Hannes Jähn, Köln
Gesamtherstellung May & Co, Darmstadt
ISBN 3 462 01699 7

INHALT

VORWORT

Dieses Buch verzichtet auf den Beifall und die Zustimmung, aber auch
auf den Widerspruch und sogar die Kritik derjenigen, welche die Ostjuden mißachten, verachten, hassen und verfolgen. Es wendet sich nicht an
jene Westeuropäer, die aus der Tatsache, daß sie bei Lift und Wasserklo-
sett aufgewachsen sind, das Recht ableiten, über rumänische Läuse, ga-
lizische Wanzen, russische Flöhe schlechte Witze vorzubringen. Dieses
Buch verzichtet auf die »objektiven« Leser, die mit einem billigen und
sauren Wohlwollen von den schwanken Türmen westlicher Zivilisation
auf den nahen Osten hinabschielen und auf seine Bewohner; aus purer
Humanität die mangelhafte Kanalisation bedauern und aus Furcht vor
Ansteckung arme Emigranten in Baracken einsperren, wo die Lösung
eines sozialen Problems dem Massentod überlassen bleibt. Dieses Buch
will nicht von jenen gelesen werden, die ihre eigenen, durch einen Zufall
der Baracke entronnenen Väter oder Urväter verleugnen. Dieses Buch
ist nicht für Leser geschrieben, die es dem Autor übelnehmen würden,
daß er den Gegenstand seiner Darstellung mit Liebe behandelt, statt
mit »wissenschaftlicher Sachlichkeit«, die man auch Langeweile
nennt.
Für wen also ist dieses Buch bestimmt?
Der Verfasser hegt die törichte Hoffnung, daß es noch Leser gibt, vor
denen man die Ostjuden nicht zu verteidigen braucht; Leser, die Achtung haben vor Schmerz, menschlicher Größe und vor dem Schmutz,
der überall das Leid begleitet; Westeuropäer, die auf ihre sauberen Ma-
tratzen nicht stolz sind; die fühlen, daß sie vom Osten viel zu empfangen hätten, und die vielleicht wissen, daß aus Galizien, Rußland, Litau-
en, Rumänien große Menschen und große Ideen kommen; aber auch (in
ihrem Sinne) nützliche, die das feste Gefüge westlicher Zivilisation stützen und ausbauen helfen – nicht nur die Taschendiebe, die das nieder-
trächtigste Produkt des westlichen Europäertums, nämlich der Lokal-
bericht, als »Gäste aus dem Osten« bezeichnet.
Dieses Buch wird leider nicht imstande sein, das ostjüdische Problem
mit der umfassenden Gründlichkeit zu behandeln, die es erfordert und
verdient. Es wird nur die Menschen zu schildern versuchen, die das
Problem ausmachen, und die Verhältnisse, die es verursachen. Es wird
nur Bericht erstatten über Teile des riesigen Stoffgebiets, das, um in sei-

ner Fülle behandelt zu werden, vom Autor so viel Wanderungen verlangen würde, wieviel einige ostjüdische Generationen durchlitten haben.

Der Ostjude weiß in seiner Heimat nichts von der sozialen Ungerechtigkeit des Westens; nichts von der Herrschaft des Vorurteils, das die Wege, Handlungen, Sitten und Weltanschauungen des durchschnittlichen Westeuropäers beherrscht; nichts von der Enge des westlichen Horizonts, den Kraftanlagen umsäumen und Fabrikschornsteine durchzacken; nichts von dem Haß, der bereits so stark ist, daß man ihn als daseinerhaltendes (aber lebentötendes) Mittel sorgfältig hütet, wie ein ewiges Feuer, an dem sich der Egoismus jedes Menschen und jedes Landes wärmt. Der Ostjude sieht mit einer Sehnsucht nach dem Westen, die dieser keinesfalls verdient. Dem Ostjuden bedeutet der Westen Freiheit, die Möglichkeit, zu arbeiten und seine Talente zu entfalten, Gerechtigkeit und autonome Herrschaft des Geistes. Ingenieure, Automobile, Bücher, Gedichte schickt Westeuropa nach dem Osten. Es schickt Propagandaseifen und Hygiene, Nützliches und Erhebendes, es macht eine lügnerische Toilette für den Osten. Dem Ostjuden ist Deutschland zum Beispiel immer noch das Land Goethes und Schillers, der deutschen Dichter, die jeder lernbegierige jüdische Jüngling besser kennt als unser hakenkreuzlerischer Gymnasiast. Der Ostjude hat im Krieg nur jenen General kennengelernt, der eine humane Ansprache an die Jidden in Polen affichieren ließ, die das Kriegspressequartier formuliert hatte, nicht aber den General, der kein schöngeistiges Buch gelesen hat und trotzdem den Krieg verliert.

Dagegen sieht der Ostjude nicht die Vorzüge seiner Heimat; nicht die grenzenlose Weite des Horizonts; nichts von der Qualität dieses Menschenmaterials, das Heilige und Mörder aus Torheit hergeben kann, Melodien von trauriger Größe und besessener Liebe. Er sieht nicht die Güte des slawischen Menschen, dessen Roheit noch anständiger ist als die gezähmte Bestialität des Westeuropäers, der sich in Perversionen Luft macht und das Gesetz umschleicht, mit dem höflichen Hut in der furchtsamen Hand.

Der Ostjude sieht die Schönheit des Ostens nicht. Man verbot ihm, in Dörfern zu leben, aber auch in großen Städten. In schmutzigen Straßen, in verfallenen Häusern leben die Juden. Der christliche Nachbar bedroht sie. Der Herr schlägt sie. Der Beamte läßt sie einsperren. Der Offizier schießt auf sie, ohne bestraft zu werden. Der Hund verbellt sie, weil sie mit einer Tracht erscheinen, die Tiere ebenso wie primitive Menschen reizt. In dunklen Chedern werden sie erzogen. Die schmerzliche Aussichtslosigkeit des jüdischen Gebets lernen sie im frühesten Kindesalter kennen; den leidenschaftlichen Kampf mit einem Gott, der mehr straft, als er liebt, und der einen Genuß wie eine Sünde ankreidet; die strenge Pflicht, zu lernen und mit jungen Augen, die noch hungrig nach der Anschauung sind, das Abstrakte zu suchen.

Ostjuden gehen meist nur als Bettler und Hausierer über Land. Die große Mehrzahl kennt den Boden nicht, der sie ernährt. Der Ostjude fürchtet sich in fremden Dörfern und in Wäldern. Er ist teils freiwillig, teils gezwungen ein Abgesonderter. Er hat nur Pflichten und keine Rechte, außer denen auf dem bekannten Papier, das nichts verbürgt. Aus Zeitungen, Büchern und von optimistischen Emigranten hört er, daß der Westen ein Paradies sei. In Westeuropa gibt es einen gesetzlichen Schutz vor Pogromen. Juden werden in Westeuropa Minister und sogar Vizekönige. In vielen ostjüdischen Häusern ist das Bild jenes Moses Montefiore zu sehn, der am Tisch des Königs von England rituell gespeist hat. Der große Reichtum der Rothschilds wird im Osten märchenhaft übertrieben. Hie und da schreibt ein Ausgewanderter einen Brief, in dem er den Daheimgebliebenen die Vorzüge der Fremde schildert. Die meisten jüdischen Emigranten haben den Ehrgeiz, nicht zu schreiben, solange es ihnen schlecht geht; und das Bestreben, die neue Wahlheimat vor der alten herauszustreichen. Sie haben die naive Sucht des Kleinstädters, den Ortsgenossen zu imponieren. In einer kleinen Stadt des Ostens wird der Brief eines Ausgewanderten eine Sensation. Alle jungen Leute des Orts – und sogar die Älteren – ergreift die Lust, auch auszuwandern; dieses Land zu verlassen, in dem jedes Jahr ein Krieg und jede Woche ein Pogrom ausbrechen könnte. Und man wandert, zu Fuß, mit der Eisenbahn und auf dem Wasser, nach den westlichen Ländern, in denen ein anderes, ein bißchen reformiertes, aber nicht weniger grausames Getto sein Dunkel bereithält, die neuen Gäste zu empfangen, die den Schikanen der Konzentrationslager halb lebendig entkommen sind.

Wenn hier die Rede von Juden war, die das Land nicht kennen, das sie ernährt – so war damit der größte Teil der Juden gemeint: nämlich der in Frömmigkeit und nach den alten Gesetzen lebende. Es gibt freilich Juden, die weder den Herrn noch den Hund, weder die Polizei noch die Offiziere fürchten, die nicht im Getto leben, Kultur und Sprache der

Wirtsvölker angenommen haben – den Westjuden ähnlich und eher gesellschaftliche Gleichberechtigung genießen als diese; dennoch in der freien Entfaltung ihrer Talente immer noch gehemmt, solange sie ihre Konfession nicht gewechselt, und sogar, nachdem sie es getan haben. Denn unvermeidlich ist die durchaus jüdische Verwandtschaft des glücklich Assimilierten, und selten entgeht ein Richter, ein Advokat, ein Kreisarzt jüdischer Abstammung dem Schicksal, einen Onkel zu besitzen, einen Vetter, einen Großvater, der schon durch sein Aussehen die Karriere des Arrivierten gefährdet und dessen gesellschaftliche Achtung beeinträchtigt.

Diesem Schicksal entgeht man schwer. Und statt es zu fliehen, beschließen viele, sich ihm zu unterwerfen, indem sie ihr Judentum nicht nur nicht verleugnen, sondern sogar kräftig betonen und sich zu einer »jüdischen Nation« bekennen, über deren Bestand seit einigen Jahrzehnten kein Zweifel mehr ist und über deren »Berechtigung« unmöglich ein Streit entstehen kann, weil schon der Wille von einigen Millionen Menschen genügt, eine »Nation« zu bilden, selbst, wenn sie früher nicht bestanden haben sollte.

Der jüdisch-nationale Gedanke ist im Osten sehr lebendig. Sogar Menschen, die weder mit der Sprache noch mit der Kultur, noch mit der Religion ihrer Väter viel gemein haben, bekennen sich, kraft ihres Blutes und ihres Willens, zur »jüdischen Nation«. Sie leben als »nationale Minderheit« im fremden Lande, um ihre staatsbürgerlichen und nationalen Rechte besorgt und kämpfend, teils der palästinensischen Zukunft entgegen, teils ohne den Wunsch nach einem eigenen Land, und mit Recht überzeugt, daß die Erde allen gehört, die ihre Pflicht ihr gegenüber erfüllen; doch nicht imstande, die Frage zu lösen, wie der primitive Haß gelöscht werden könnte, der im Wirtsvolk gegen eine gefährlich scheinende Anzahl Fremder brennt und Unheil anrichtet. Auch diese Juden leben nicht mehr im Getto, ja, nicht einmal mehr in der wahren und warmen Tradition – heimatlos wie auch die Assimilierten und zuweilen heroisch, weil sie freiwillig Opfer für eine Idee sind – und sei es auch für eine nationale . . .

Sowohl die nationalen als auch die assimilierten Juden bleiben meist im Osten. Jene, weil sie ihre Rechte erkämpfen und nicht fliehen wollen, diese, weil sie sich einbilden, die Rechte zu besitzen, oder weil sie das Land lieben, wie der christliche Teil des Volkes – und mehr als dieser. Die Emigranten also sind Menschen, die müde werden dieser kleinen und grausamen Kämpfe und die wissen, fühlen oder nur ahnen, daß im Westen ganz andere Probleme lebendig werden, neben den nationalen, und daß die nationalen Streitigkeiten im Westen ein lärmendes Echo von gestern sind und nur ein Schall von heute; daß im Westen ein europäischer Gedanke geboren ist, der übermorgen oder sehr spät und nicht ohne Leid zu einem Weltgedanken reifen wird. Diese Juden ziehen es vor, in Ländern zu leben, in denen die Rassen- und nationalen Fragen nur noch die stimmkräftigen und sogar mächtigen, aber zweifellos gestrigen und mit einem Geruch von Moder, Blut und Dummheit umherwandelnden Teile der Völker beschäftigt, in Ländern, in denen trotz allem einige Köpfe an den Fragen von morgen arbeiten. (Diese Emigranten stammen aus den russischen Grenzländern, *nicht* aus Rußland.) Andere wandern aus, weil sie Beruf und Arbeit verloren haben oder nicht finden. Es sind Brotsucher, Proletarier, wenn auch nicht immer mit proletarischem Bewußtsein. Andere sind vor dem Krieg und der Revolution geflohen. Es sind »Flüchtlinge«, meist Kleinbürger und Bürger, verbissene Feinde der Revolution und konservativ, wie es kein bodenständiger Landadeliger sein könnte.

Viele wandern aus Trieb und ohne recht zu wissen warum. Sie folgen einem unbestimmten Ruf der Fremde oder dem bestimmten eines arrivierten Verwandten, der Lust, die Welt zu sehen und der angeblichen Enge der Heimat zu entfliehen, dem Willen, zu wirken und ihre Kräfte gelten zu lassen.

Viele kehren zurück. Noch mehr bleiben unterwegs. Die Ostjuden haben nirgends eine Heimat, aber Gräber auf jedem Friedhof. Viele werden reich. Viele werden bedeutend. Viele werden schöpferisch in fremder Kultur. Viele verlieren sich und die Welt. Viele bleiben im Getto, und erst ihre Kinder werden es verlassen. Die meisten geben dem Westen mindestens soviel, wieviel er ihnen nimmt. Manche geben ihm mehr, als er ihnen gibt. Das Recht, im Westen zu leben, haben jedenfalls alle, die sich opfern, indem sie ihn aufsuchen.

Ein Verdienst um den Westen erwirbt sich jeder, der mit frischer Kraft gekommen ist, die tödliche, hygienische Langeweile dieser Zivilisation zu unterbrechen – und sei es selbst um den Preis einer Quarantäne, die wir den Emigranten vorschreiben, ohne zu fühlen, daß unser ganzes Leben eine Quarantäne ist und alle unsere Länder Baracken und Konzentrationslager, allerdings mit modernstem Komfort. Die Emigranten assimilieren sich – leider! – nicht zu langsam, wie man ihnen vorwirft, sondern viel zu rasch an unsere traurigen Lebensbedingungen. Ja, sie werden sogar Diplomaten und Zeitungsschreiber, Bürgermeister und Würdenträger, Polizisten und Bankdirektoren und ebensolche Stützen der Gesellschaft, wie es die bodenständigen Glieder der Gesellschaft sind. Nur sehr wenige sind revolutionär. Viele sind Sozialisten aus persönlicher Notwendigkeit, in der Lebensform, die der Sozialismus erkämpfen will, ist die Unterdrückung einer Rasse unmöglich. Viele sehen im Antisemitismus eine Erscheinung der kapitalistischen Wirtschaftsform. Sie sind nicht bewußt *deshalb* Sozialisten. Sie sind Sozialisten, weil sie Unterdrückte sind.

Die meisten sind Kleinbürger und Proletarier ohne proletarisches Bewußtsein. Viele sind reaktionär aus bürgerlichem Instinkt, aus Liebe zum Besitz und zur Tradition, aber auch aus der nicht unbegründeten Furcht vor einer veränderten Situation, die für Juden keine verbesserte sein könne. Es ist ein historisches Gefühl, genährt durch Erfahrungen, daß die Juden die ersten Opfer aller Blutbäder sind, welche die Weltgeschichte veranstaltet.

Deshalb ist vielleicht der jüdische Arbeiter ruhig und geduldig. Der jüdische Intellektuelle mag mit leidenschaftlicher Aktivität der revolutionären Bewegung Antrieb und Schärfe geben. Der ostjüdische Arbeiter ist in seiner Liebe zur Arbeit, seiner nüchternen Denkweise, seinem ruhigen Leben dem Deutschen zu vergleichen.

Es gibt nämlich ostjüdische Arbeiter – ich vermute, daß man diese Selbstverständlichkeit unterstreichen muß, in einem Land, in dem in so kurzen Abständen »Organe der Öffentlichkeit« das Wort von der »unproduktiven Masse der östlichen Einwanderer« wiederholen. Es gibt ostjüdische Arbeiter, Juden, die nicht feilschen, handeln, überbieten und »rechnen« können, alte Kleider nicht einkaufen, mit Bündeln nicht hausieren, die aber dennoch oft gezwungen werden, einen demütigenden und traurigen Handel zu betreiben, weil keine Fabrik sie nimmt, weil (gewiß notwendige) Gesetze die einheimischen Arbeiter vor der Konkurrenz Fremder schützen und weil, gäbe es selbst diese Gesetze nicht, das Vorurteil der Unternehmer, aber auch der Kameraden den jüdischen Arbeiter unmöglich machen könnte. In Amerika ist er nicht selten. In Westeuropa weiß man nichts von seiner Existenz und leugnet sie.

Man leugnet im Westen auch den jüdischen Handwerker. Im Osten gibt es jüdische Klempner, Tischler, Schuster, Schneider, Kürschner, Faßbinder, Glaser und Dachdecker. Der Begriff von Ländern im Osten, in denen alle Juden Wunderrabbis sind oder Handel treiben, die ganze christliche Bevölkerung aus Bauern besteht, die mit den Schweinen zusammenwohnen, und aus Herren, die unaufhörlich auf die Jagd gehen und trinken, diese kindischen Vorstellungen sind ebenso lächerlich wie der Traum des Ostjuden von einer westeuropäischen Humanität. Dichter und Denker sind unter den Menschen im Osten häufiger als Wunderrabbis und Händler. Im übrigen können Wunderrabbis und sogar Händler im Hauptberuf Dichter und Denker sein, was westeuropäischen Generälen zum Beispiel sehr schwerzufallen scheint.

Der Krieg, die Revolution in Rußland, der Zerfall der österreichischen Monarchie haben die Zahl der nach dem Westen emigrierenden Juden bedeutend erhöht. Sie sind gewiß nicht gekommen, um die Pest zu verbreiten und die Schrecken des Krieges und die (übertriebenen) Grausamkeiten der Revolution. Sie sind von der Gastfreundschaft der Westeuropäer noch weniger entzückt gewesen als diese von dem Besuch der geschmähten Gäste. (Die Ostjuden hatten die westeuropäischen Soldaten ganz anders aufgenommen.) Da sie nun einmal, diesmal nicht freiwillig, im Westen waren, mußten sie einen Erwerb suchen. Sie fanden ihn am leichtesten im Handel, der durchaus kein leichter Beruf ist. Sie gaben sich auf, indem sie Händler im Westen wurden.

Sie gaben sich auf. Sie verloren sich. Ihre traurige Schönheit fiel von ihnen ab, und eine staubgraue Schicht von Gram ohne Sinn und niedrigem Kummer ohne Tragik blieb auf ihren gekrümmten Rücken. Die Verachtung blieb an ihnen kleben – früher hatten sie nur Steinwürfe erreicht. Sie schlossen Kompromisse. Sie veränderten ihre Tracht, ihre Bärte, ihr Kopfhaar, ihren Gottesdienst, ihren Sabbat, ihren Haushalt – sie selbst hielten noch an den Traditionen fest, aber die Überlieferung löste sich von ihnen. Sie wurden einfache, kleine Bürger. Die Sorgen der kleinen Bürger waren ihre Sorgen. Sie zahlten Steuern, bekamen Meldezettel, wurden registriert und bekannten sich zu einer »Nationalität«, zu einer »Staatsbürgerschaft«, die ihnen mit vielen Schikanen »erteilt« wurde, sie benutzten die Straßenbahnen, die Lifts, alle Segnungen der Kultur. Sie hatten sogar ein »Vaterland«.

Es ist ein provisorisches Vaterland. Der jüdische Nationalgedanke ist im Ostjuden lebendig, auch dann noch, wenn er eine halbe Assimilation an die westlichen Sitten und Gebräuche vollzogen hat. Ja, Zionismus und Nationalitätsbegriff sind im Wesen westeuropäisch, wenn auch nicht im Ziel. Nur im Orient leben noch Menschen, die sich um ihre »Nationalität«, das heißt Zugehörigkeit zu einer »Nation« nach westeuropäischen Begriffen, nicht kümmern. Sie sprechen mehrere Sprachen und sind ein Produkt mehrerer Rassenmischungen, und ihr Vaterland ist dort, wo man sie zwangsweise in eine militärische Formation einreiht. Die kaukasischen Armenier waren lange Zeit weder Russen noch Armenier, sie waren eben Mohammedaner und Kaukasier, und sie lieferten den russischen Zaren die treuesten Leibgarden. Der nationale Gedanke ist ein westlicher. Den Begriff »Nation« haben westeuropäische Gelehrte erfunden und zu erklären versucht. Die alte österreichisch-ungarische Monarchie lieferte den scheinbar praktischen Beweis für die Nationalitäten-Theorie. Das heißt, sie hätte den Beweis für das Gegenteil dieser Theorie liefern können, wenn sie gut regiert worden wäre. Die Unfähigkeit ihrer Regierungen lieferte den praktischen Beweis für eine Theorie, die also durch einen Irrtum erhärtet wurde und sich durchgesetzt hat, dank den Irrtümern. Der moderne Zionismus entstand in Österreich, in Wien. Ein österreichischer Journalist hat ihn begründet. Kein anderer hätte ihn begründen können. Im österreichischen Parlament saßen die Vertreter verschiedener Nationen und waren damit beschäftigt, um nationale Rechte und Freiheiten zu kämpfen, die ganz selbstverständlich gewesen wären, wenn man sie gewährt hätte. Das österreichische Parlament war ein Ersatz für nationale Schlachtfelder. Versprach man den Tschechen eine neue Schule, so fühlten sich die Deutschen in Böhmen gekränkt. Und gab man den Polen in Ostgalizien einen Statthalter polnischer Zunge, so hatte man die Ruthenen beleidigt. Jede österreichische Nation berief sich auf die »Erde«, die ihr gehörte. Nur die Juden konnten sich auf keinen eigenen Boden (»Scholle« sagt man in diesem Fall) berufen. Sie waren in Galizien in ihrer Mehrheit weder Polen noch Ruthenen. Der Antisemitismus aber lebte sowohl bei Deutschen als auch bei Tschechen, sowohl bei den Polen als auch bei den Ruthenen, sowohl bei den Magyaren als auch bei den Rumänen in Siebenbürgen. Die Juden widerlegten das Sprichwort, das da sagt, der dritte gewänne, wenn zwei sich stritten. Die Juden waren der dritte, der immer verlor. Da rafften sie sich auf und bekannten sich zu einer, zu ihrer Nationalität: zur jüdischen. Den Mangel an einer eigenen »Scholle« in Europa ersetzten sie durch ein Streben nach der palästinensischen Heimat. Sie waren immer Menschen im Exil gewesen. Jetzt wurden sie eine Nation im Exil. Sie entsandten jüdisch-nationale Vertreter ins österreichische Parlament und begannen ebenfalls, um nationale Rechte und Freiheiten zu kämpfen, ehe man ihnen noch die primitivsten menschlichen zuerkannt hatte.

»Nationale Autonomie« war der Schlachtruf Europas, in den die Juden einstimmten. Der Versailler Friedensvertrag und der Völkerbund bemühten sich, auch den Juden das Recht auf ihre »Nationalität« zuzuerkennen. Heute sind die Juden in vielen Staaten eine »nationale Minderheit«. Sie haben noch lange nicht, was sie wollen, aber sie haben viel: eigene Schulen, das Recht auf ihre Sprache und einige solcher Rechte mehr, mit denen man glaubt, Europa glücklich zu machen.

Aber selbst, wenn es den Juden gelingen würde, in Polen, in der Tschechoslowakei, in Rumänien, in Deutschösterreich alle Rechte einer »nationalen Minderheit« zu erkämpfen, so erhöbe sich immer noch die große Frage, ob die Juden nicht noch viel mehr sind als eine nationale Minderheit europäischer Fasson; ob sie nicht mehr sind als eine »Nation«, wie man sie in Europa versteht; und ob sie nicht einen Anspruch auf viel Wichtigeres aufgeben, wenn sie den auf »nationale Rechte« erheben.

Welch ein Glück, eine »Nation« zu sein, wie Deutsche, Franzosen, Italiener, nachdem man schon vor dreitausend Jahren eine »Nation« gewesen ist und »heilige Kriege« geführt und »große Zeiten« erlebt hat! Nachdem man fremde Generäle enthauptet und eigene überwunden hat? Die Epoche der »National-Geschichte« und »Vaterlandskunde« haben die Juden schon hinter sich. Sie besetzten und besaßen Grenzen, eroberten Städte, krönten Könige, zahlten Steuern, waren Untertanen, hatten »Feinde«, wurden gefangengenommen, trieben Weltpolitik, stürzten Minister, hatten eine Art Universität, Professoren und Schüler, eine hochmütige Priesterkaste und Reichtum, Armut, Prostitution, Besitzende und Hungrige, Herren und Sklaven. Wollen sie es noch einmal? Beneiden sie die europäischen Staaten?

Sie wollen gewiß nicht nur ihre »nationale Eigenart« bewahren. Sie wollen ihre Rechte auf Leben, Gesundheit, persönliche Freiheit, Rechte, die man ihnen in fast allen europäischen Ländern entzieht oder schmälert. In Palästina vollzieht sich tatsächlich eine nationale Wiedergeburt. Die jungen Chaluzim sind tapfere Bauern und Arbeiter, und sie beweisen die Fähigkeit des Juden, zu arbeiten und Ackerbau zu treiben und ein Sohn der Erde zu werden, obwohl er jahrhundertelang ein Buchmensch war. Leider sind die Chaluzim auch gezwungen, zu kämpfen,

Soldaten zu sein und das Land gegen die Araber zu verteidigen. Und damit ist das europäische Beispiel nach Palästina übertragen. Leider ist der junge Chaluz nicht nur ein Heimkehrer in das Land seiner Väter und ein Proletarier mit dem gerechten Sinn eines arbeitenden Menschen; sondern er ist auch ein »Kulturträger«. Er ist ebenso Jude wie Europäer. Er bringt den Arabern Elektrizität, Füllfedern, Ingenieure, Maschinengewehre, flache Philosophien und den ganzen Kram, den England liefert. Gewiß müßten sich die Araber über neue, schöne Straßen freuen. Aber der Instinkt des Naturmenschen empört sich mit Recht gegen den Einbruch einer angelsächsisch-amerikanischen Zivilisation, die den ehrlichen Namen der nationalen Wiedergeburt trägt. Der Jude hat ein Recht auf Palästina, nicht, weil er aus diesem Lande kommt, sondern, weil ihn kein anderes Land will. Daß der Araber um seine Freiheit fürchtet, ist aber ebenso verständlich, wie der Wille der Juden ehrlich ist, dem Araber ein treuer Nachbar zu sein. Und dennoch wird die Einwanderung der jungen Juden nach Palästina immer an eine Art jüdischen Kreuzzugs erinnern, weil sie leider auch schießen.

Wenn also auch die Juden durchaus die üblen Sitten und Gebräuche der Europäer ablehnten, sie können sie nicht ganz ablegen. Sie sind selbst Europäer. Der jüdische Statthalter von Palästina ist ohne Zweifel ein Engländer. Und wahrscheinlich mehr Engländer als Jude. Die Juden sind Objekt oder ahnungslose Vollstrecker europäischer Politik. Sie werden benutzt oder mißbraucht. Jedenfalls wird es ihnen schwer gelingen, eine Nation mit einer ganz neuen, uneuropäischen Physiognomie zu werden. Das europäische Kainszeichen bleibt. Es ist gewiß besser, selbst eine Nation zu sein, als von einer anderen mißhandelt zu werden. Aber es ist nur eine schmerzliche Notwendigkeit. Welch ein Stolz für den Juden, der längst abgerüstet hat, noch einmal zu beweisen, daß er *auch* exerzieren kann!

Denn es ist gewiß nicht der Sinn der Welt, aus »Nationen« zu bestehen und aus Vaterländern, die, selbst, wenn sie wirklich nur ihre kulturelle Eigenart bewahren wollten, noch immer nicht das Recht hätten, auch nur ein einziges Menschenleben zu opfern. Die Vaterländer und Nationen wollen aber in Wirklichkeit noch mehr, noch weniger: nämlich Opfer für materielle Interessen. Sie schaffen »Fronten«, um Hinterländer zu bewahren. Und in dem ganzen tausendjährigen Jammer, in dem die Juden leben, hatten sie nur den einen Trost: nämlich den, ein solches Vaterland *nicht* zu besitzen. Wenn es jemals eine gerechte Geschichte geben wird, so wird sie es den Juden hoch anrechnen, daß sie die Vernunft bewahren durften, weil sie kein »Vaterland« besaßen in einer Zeit, in der die ganze Welt sich dem patriotischen Wahnsinn hingab.

Sie haben kein »Vaterland«, die Juden, aber jedes Land, in dem sie wohnen und Steuern zahlen, verlangt von ihnen Patriotismus und Heldentod und wirft ihnen vor, daß sie nicht gerne sterben. In dieser Lage ist der Zionismus wirklich noch der einzige Ausweg: wenn schon Patriotismus, dann lieber einen für das eigene Land.

Solange aber die Juden noch in fremden Ländern leben, müssen sie für diese Länder leben und leider auch sterben. Ja, es gibt sogar Juden, die für diese Länder gerne leben und gerne sterben. Es gibt Ostjuden, welche sich an die Länder ihrer Wahl assimilieren und die Vorstellungen der einheimischen Bevölkerung von »Vaterland«, »Pflicht«, »Heldentod« und »Kriegsanleihe« vollkommen aufgenommen haben. Sie sind Westjuden, Westeuropäer geworden.

Wer ist »Westjude«? Ist es derjenige, der nachweisen kann, daß seine Ahnen in der glücklichen Lage waren, vor den westeuropäischen, bzw. deutschen Pogromen im Mittelalter und später niemals fliehen zu müssen? Ist ein Jude aus Breslau, das lange Zeit Wroclaw hieß und eine polnische Stadt war, mehr Westjude als einer aus Krakau, das heute noch polnisch ist? Ist derjenige schon Westjude, dessen Vater sich nicht mehr erinnern kann, wie es in Posen oder in Lemberg aussieht? Fast alle Juden waren einmal Westjuden, ehe sie nach Polen und Rußland kamen. Und alle Juden waren einmal »Ostjuden«, ehe ein Teil von ihnen westjüdisch wurde. Und die Hälfte aller Juden, die heute verächtlich oder geringschätzig vom Osten sprechen, hatte Großväter, die aus Tarnopol kamen. Und selbst, wenn ihre Großväter nicht aus Tarnopol kamen, so ist es nur ein Zufall, daß ihre Ahnen nicht nach Tarnopol hatten fliehen müssen. Wie leicht konnte einer im Gedränge eines Pogroms nach dem Osten geraten, wo man ihn noch nicht zu prügeln begonnen hatte! . .

Es ist deshalb ungerecht, zu behaupten, daß ein Jude, der 1914 aus dem Osten nach Deutschland kam, den Sinn der Kriegsanleihe oder der Musterung weniger begriffen hätte als ein Jude, dessen Ahnen schon seit 300 Jahren zur Musterung oder zum Steueramt gingen. Je dümmer der Einwanderer war, desto schneller zeichnete er Kriegsanleihe. Viele Juden, Ostjuden oder Söhne und Enkel von Ostjuden, sind für alle europäischen Länder im Kriege gefallen. Ich sage es nicht, um die Ostjuden zu entschuldigen. Im Gegenteil: *ich werfe es ihnen vor.*

Sie starben, litten, bekamen Typhus, lieferten »Seelsorger« für das Feld, obwohl Juden ohne Rabbiner sterben dürfen und der patriotischen Feldpredigt noch weniger bedurften als ihre christlichen Kameraden. Sie näherten sich vollkommen den westlichen Unsitten und Mißbräuchen. Sie assimilierten sich. Sie beten nicht mehr in Synagogen und Bethäusern, sondern in langweiligen Tempeln, in denen der Gottesdienst so mechanisch wird wie in jeder besseren protestantischen Kirche. Sie werden Tempeljuden, das heißt: guterzogene, glattrasierte Herren in Gehröcken und Zylindern, die das Gebetbuch in den Leitartikel des jüdischen Leibblattes packen, weil sie glauben, man erkenne sie an diesem Leitartikel weniger als an dem Gebetbuch. In den Tempeln hört man die Orgel, der Kantor und der Prediger tragen eine Kopfbedeckung, die sie dem christlichen Geistlichen ähnlich macht. Jeder Protestant, der sich in einen jüdischen Tempel verirrt, muß zugeben, daß der Unterschied zwischen Jud und Christ gar nicht groß ist und daß man eigentlich aufhören müßte, ein Antisemit zu sein, wenn die jüdische Geschäftskonkurrenz nicht gar so gefährlich wäre. Die Großväter kämpften noch verzweifelt mit Jehova, schlugen sich die Köpfe wund an den tristen Mauern des kleinen Bethauses, riefen nach Strafe für ihre Sünden und flehten um Vergebung. Die Enkel sind westlich geworden. Sie bedürfen der Orgel, um sich in Stimmung zu bringen, ihr Gott ist eine Art abstrakter Naturgewalt, ihr Gebet ist eine Formel. Und darauf sind sie stolz! Sie sind Leutnants in der Reserve, und ihr Gott ist der Vorgesetzte eines Hofkaplans und just jener Gott, von dessen Gnaden die Könige herrschten.

Das nennt man dann: westliche Kultur haben. Wer diese Kultur hat, darf bereits den Vetter verachten, der, noch echt und unberührt, aus dem Osten kommt und mehr Menschlichkeit und Göttlichkeit besitzt, als alle Prediger in den theologischen Seminaren Westeuropas finden können. Hoffentlich wird dieser Vetter genug Kraft haben, nicht der Assimilation zu verfallen.

Im Folgenden werde ich versuchen, zu beschreiben, wie er und Menschen seiner Art in der Heimat und in der Fremde leben.

Die kleine Stadt liegt mitten im Flachland, von keinem Berg, von keinem Wald, keinem Fluß begrenzt. Sie läuft in die Ebene aus. Sie fängt mit kleinen Hütten an und hört mit ihnen auf. Die Häuser lösen die Hütten ab. Da beginnen die Straßen. Eine läuft von Süden nach Norden, die andere von Osten nach Westen. Im Kreuzungspunkt liegt der Marktplatz. Am äußersten Ende der Nord-Süd-Straße liegt der Bahnhof. Einmal im Tag kommt ein Personenzug. Einmal im Tag fährt ein Personenzug ab. Dennoch haben viele Leute den ganzen Tag am Bahnhof zu tun. Denn sie sind Händler. Sie interessieren sich auch für Güterzüge. Außerdem tragen sie gern eilige Briefe zur Bahn, weil die Postkasten in der Stadt nur einmal täglich geleert werden. Den Weg zur Bahn legt man zu Fuß in 15 Minuten zurück. Wenn es regnet, muß man einen Wagen nehmen, weil die Straße schlecht geschottert ist und im Wasser steht. Die armen Leute tun sich zusammen und nehmen gemeinsam einen Wagen, in dem sechs Personen zwar nicht sitzen können, aber immerhin Platz finden. Der reiche Mann sitzt allein in einem Wagen und bezahlt für die Fahrt mehr als sechs Arme. Es gibt acht Droschken, die dem Verkehr dienen. Sechs sind Einspänner. Die zwei Zweispänner sind für vornehme Gäste, die manchmal durch einen Zufall in diese Stadt geraten. Die acht Droschkenkutscher sind Juden. Es sind fromme Juden, die ihre Bärte nicht schneiden lassen, aber keine allzu langen Röcke tragen wie ihre Glaubensgenossen. Ihren Beruf können sie in kurzen Joppen besser ausüben. Am Sabbat fahren sie nicht. Am Sabbat hat auch niemand etwas bei der Bahn zu suchen. Die Stadt hat 18 000 Einwohner, von denen 15 000 Juden sind. Unter den 3000 Christen sind etwa 100 Händler und Kaufleute, ferner 100 Beamte, einer Notar, einer Bezirksarzt und acht Polizisten. Es gibt zwar zehn Polizisten. Aber von diesen sind merkwürdigerweise zwei Juden. Was die andern Christen machen, weiß ich nicht genau. Von den 15 000 Juden leben 8000 vom Handel. Sie sind kleine Krämer, größere Krämer und große Krämer. Die anderen 7000 Juden sind kleine Handwerker, Arbeiter, Wasserträger, Gelehrte, Kultusbeamte, Synagogendiener, Lehrer, Schreiber, Thoraschreiber, Tallesweber, Ärzte, Advokaten, Beamte, Bettler und verschämte Arme, die von der öffentlichen Wohltätigkeit leben, Totengräber, Beschneider und Grabsteinhauer.

Die Stadt hat zwei Kirchen, eine Synagoge und etwa 40 kleine Bethäuser. Die Juden beten täglich dreimal. Sie müßten sechsmal den Weg zur Synagoge und nach Hause oder in den Laden zurücklegen, wenn sie nicht so viele Bethäuser hätten, in denen man übrigens nicht nur betet, sondern auch jüdische Wissenschaft lernt. Es gibt jüdische Gelehrte, die von fünf Uhr früh bis zwölf Uhr nachts im Bethaus studieren, wie europäische Gelehrte etwa in einer Bibliothek. Nur am Sabbat und an Feiertagen kommen sie zu den Mahlzeiten heim. Sie leben, wenn sie nicht Vermögen oder Gönner haben, von kleinen Gaben der Gemeinde und gelegentlichen frommen Arbeiten, wie zum Beispiel: Vorbeten oder Unterricht oder Schofarblasen an hohen Feiertagen. Ihre Familie, das Haus, die Kinder versorgen die Frauen, die einen kleinen Handel mit Kukuruz im Sommer, mit Naphtha im Winter, mit Essiggurken und Bohnen und Backwerken betreiben.

Die Händler und die andern im Leben stehenden Juden beten sehr schnell und haben noch hie und da Zeit, Neuigkeiten zu besprechen und die Politik der großen Welt und die Politik der kleinen. Sie rauchen Zigaretten und schlechten Pfeifentabak im Bethaus. Sie benehmen sich wie in einem Kasino. Sie sind bei Gott nicht seltene Gäste, sondern zu Hause. Sie statten ihm nicht einen Staatsbesuch ab, sondern versammeln sich täglich dreimal an seinen reichen, armen, heiligen Tischen. Im Gebet empören sie sich gegen ihn, schreien zum Himmel, klagen über seine Strenge und führen bei Gott Prozeß gegen Gott, um dann einzugestehn, daß sie gesündigt haben, daß alle Strafen gerecht waren und daß sie besser sein wollen. Es gibt kein Volk, das dieses Verhältnis zu Gott hätte. Es ist ein altes Volk, und es kennt ihn schon lange! Es hat seine große Güte erlebt und seine kalte Gerechtigkeit, es hat oft gesündigt und bitter gebüßt, und es weiß, daß es gestraft werden kann, aber niemals verlassen.

Dem Fremden erscheinen alle Bethäuser gleich. Aber sie sind es nicht, und in vielen ist der Gottesdienst verschieden. Die jüdische Religion kennt keine Sekten, wohl aber verschiedene sektenartige Gruppen. Es gibt eine unerbittlich strenge und eine gemilderte Orthodoxie, es gibt eine Anzahl »aschkenasischer« und »sephardischer« Gebete und Textverschiedenheiten in denselben Gebeten.

Sehr deutlich ist die Trennung zwischen sogenannten aufgeklärten Juden und den Kabbalagläubigen, den Anhängern der einzelnen Wunderrabbis, von denen jeder seine bestimmte Chassidimgruppe hat. Die aufgeklärten Juden sind nicht etwa ungläubige Juden. Sie verwerfen nur jeden Mystizismus, und ihr fester Glaube an die Wunder, die in der Bibel erzählt werden, kann nicht erschüttert werden durch die Ungläubigkeit, mit der sie den Wundern des gegenwärtigen Rabbis gegenüberstehn. Für die Chassidim ist der Wunderrabbi der Mittler zwischen Mensch und Gott. Die aufgeklärten Juden bedürfen keines Mittlers. Ja, sie betrachten es als Sünde, an eine irdische Macht zu glauben, die imstande wäre, Gottes Ratschlüssen vorzugreifen, und sie sind selbst ihre eigenen Fürsprecher. Dennoch können sich viele Juden, auch, wenn sie keine Chassidim sind, der wunderbaren Atmosphäre, die um einen Rabbi weht, nicht entziehen, und ungläubige Juden und selbst christliche Bauern begeben sich in schwierigen Lagen zum Rabbi, um Trost und Hilfe zu finden.

Dem Fremden und dem Feind stellen alle Ostjuden eine geschlossene Front entgegen, oder eine scheinbar geschlossene Front. Nichts dringt an die Außenwelt von dem Eifer, mit dem einzelne Gruppen einander bekämpfen, von dem Haß und der Bitterkeit, welche die Anhänger des einen Wunderrabbis gegen die des andern aufbringen, und von der Verachtung, die alle frommen Juden gegen jene Söhne ihres Volkes hegen, die sich äußerlich an die Sitten und die Tracht ihrer christlichen Umgebung angepaßt haben. Die meisten frommen Juden verurteilen einen Mann aufs schärfste, der sich den Bart rasieren läßt – wie überhaupt das rasierte Gesicht das deutliche Merkmal für den Abfall vom Glauben darstellt. Der rasierte Jude trägt nicht mehr das Kennzeichen seines Volkes. Er versucht, auch wenn er es nicht will, so auszusehen wie einer der glücklichen Christen, die man nicht verfolgt und nicht verspottet. Auch er entgeht dem Antisemitismus nicht. Aber es ist eben die Pflicht der Juden, nicht von den Menschen, sondern von Gott eine Milderung ihres Schicksals zu erwarten. Jede, noch so äußerliche Assimilation ist eine Flucht oder der Versuch einer Flucht aus der traurigen Gemeinschaft der Verfolgten; ist ein Versuch, Gegensätze auszugleichen, die trotzdem vorhanden sind.

Man hat keine Grenzen mehr, um sich vor Vermischung zu schützen. Deshalb trägt jeder Jude Grenzen um sich. Es wäre schade, sie aufzugeben. Denn so groß die Not ist, die Zukunft bringt die herrlichste Erlösung. Die scheinbare Feigheit des Juden, der auf den Steinwurf des spielenden Knaben nicht reagiert und den schmähenden Zuruf nicht hören will, ist in Wahrheit der Stolz eines, der weiß, daß er einmal siegen wird und daß ihm nichts geschehen kann, wenn Gott es nicht will, und daß eine Abwehr nicht so wunderbar schützt, wie Gottes Wille es tut. Hat er sich nicht schon freudig verbrennen lassen? Was tut ihm ein Kieselstein und was der Speichel eines wütigen Hundes? Die Verachtung, die ein Ostjude gegen den Ungläubigen empfindet, ist tausendmal größer als jene, die ihn selbst treffen könnte. Was ist der reiche Herr, was der Polizeioberst, was ein General, was ein Statthalter gegen ein Wort Gottes, gegen eines jener Worte, die der Jude immer im Herzen hat? Während er den Herrn grüßt, verlacht er ihn. Was weiß dieser Herr von dem wahren Sinn des Lebens? Selbst, wenn er weise wäre, seine Weisheit schwämme an der Oberfläche der Dinge. Er mag die Gesetze des Landes kennen, Eisenbahnen bauen und merkwürdige Gegenstände erfinden, Bücher schreiben und mit Königen auf die Jagd gehn. Was ist das alles gegen ein kleines Zeichen in der Heiligen Schrift und gegen die dümmste Frage des jüngsten Talmudschülers?

Dem Juden, der so denkt, ist jedes Gesetz, das ihm persönliche und nationale Freiheit verbürgt, höchst gleichgültig. Von den Menschen kann ihm nichts wirklich Gutes kommen. Ja, es ist fast eine Sünde, bei den Menschen um etwas zu kämpfen. Dieser Jude ist kein »nationaler« Jude im westeuropäischen Sinne. Er ist Gottes Jude. Um Palästina kämpft er nicht. Er haßt den Zionisten, der mit den lächerlichen europäischen Mitteln ein Judentum aufrichten will, das keines mehr wäre, weil es nicht den Messias erwartet hat und nicht Gottes Sinnesänderung, die ja bestimmt kommen wird. Es liegt in diesem großen Wahn so viel Opfermut wie in der Tapferkeit der jungen Chaluzim, die Palästina aufbauen – mag diese auch zu einem Ziele führen und jene zur Vernichtung. Zwischen dieser Orthodoxie und einem Zionismus, der am Sabbat Wege baut, kann es keine Versöhnung geben. Einem ostjüdischen Chassid und Orthodoxen ist ein Christ näher als ein Zionist. Denn dieser will das Judentum von Grund aus verändern. Er will eine jüdische Nation, die ungefähr so aussehen soll wie die europäischen Nationen. Man wird dann vielleicht ein eigenes Land haben, aber keine Juden. Diese Juden merken nicht, daß der Fortschritt der Welt die jüdische Religion vernichtet und daß immer weniger Gläubige ausharren und daß die Zahl der Frommen zusammenschmilzt. Sie sehen die jüdische Entwicklung nicht im Zusammenhang mit der Entwicklung der Welt. Sie denken erhaben und falsch.

Viele Orthodoxe haben sich überzeugen lassen. Sie sehen nicht mehr im rasierten Bart das Abzeichen des Abtrünnigen. Ihre Kinder und Enkel gehen als Arbeiter nach Palästina. Ihre Kinder werden jüdisch-nationale Abgeordnete. Sie haben sich abgefunden und versöhnt, und sie haben trotzdem nicht aufgehört, an das Wunder des Messias zu glauben. Sie haben Kompromisse geschlossen.

Unversöhnlich und erbittert bleibt noch eine große Masse der Chassidim, die innerhalb des Judentums eine sehr merkwürdige Stellung einnehmen. Sie sind für den Westeuropäer ebenso ferne und rätselhaft wie etwa die Bewohner des Himalaja, die jetzt in Mode gekommen sind. Ja, sie sind schwerer zu erforschen, denn sie haben, vernünftiger, als die wehrlosen Objekte europäischen Forschungseifers, bereits die zivilisatorische Oberflächlichkeit Europas kennengelernt, und man kann ihnen weder mit einem Kinoapparat noch mit einem Fernglas, noch mit einem Aeroplan imponieren. Aber selbst, wenn ihre Naivität und ihre Gastfreundschaft so groß wären wie die der andern fremden Völker, die von unserem Wissensdrang mißbraucht werden – selbst dann fände sich schwerlich ein europäischer Gelehrter, der eine Forschungsreise zu den Chassidim unternehmen würde. Man betrachtet die Juden, weil sie überall in unserer Mitte leben, als bereits »erforscht«. Am Hof eines Wunderrabbis ereignet sich aber ebensoviel Interessantes wie bei den indischen Fakiren.

Viele Wunderrabbis leben im Osten, und jeder gilt bei seinen Anhängern als der größte. Die Würde des Wunderrabbis vererbt sich seit Generationen vom Vater auf den Sohn. Jeder hält einen eigenen Hof, jeder hat seine Leibgarde, Chassidim, die in seinem Haus aus- und eingehn, die mit ihm beten, mit ihm fasten, mit ihm essen. Er kann segnen, und sein Segen geht in Erfüllung. Er kann verfluchen, und sein Fluch erfüllt sich und trifft ein ganzes Geschlecht. Wehe dem Spötter, der ihn leugnet. Wohl dem Gläubigen, der ihm Geschenke bringt. Der Rabbi verwendet sie nicht für sich. Er lebt bescheidener als der letzte Bettler. Seine Nahrung dient nur dazu, sein Leben knapp zu erhalten. Er lebt nur, weil er Gott dienen will. Er nährt sich von kleinen Bissen der Speisen und von kleinen Tropfen der Getränke. Wenn er im Kreis der Seinen am Tische sitzt, nimmt er von seinem reichlich gefüllten Teller nur einen Bissen und einen Schluck und läßt den Teller rings um den Tisch wandern. Jeder Gast wird von des Rabbis Speise satt. Er selbst hat keine leiblichen Bedürfnisse. Der Genuß des Weibes ist ihm eine heilige Pflicht und nur deshalb ein Genuß. weil er eine Pflicht ist. Er muß Kinder zeugen, damit das Volk Israels sich vermehre wie der Sand am Meer und wie die Sterne am Himmel. Immer sind Frauen aus seiner nächsten Umgebung verbannt. Auch das Essen ist weniger Nahrung als ein Dank an den Schöpfer für das Wunder der Speisen und eine Erfüllung des Gebotes, sich von Früchten und Tieren zu nähren – denn alles hat *Er* für den Menschen geschaffen. Tag und Nacht liest der Rabbi in heiligen Büchern. Er kann viele schon auswendig, so oft hat er sie gelesen. Aber jedes Wort, ja, jeder Buchstabe hat Millionen Seiten, und jede Seite kündet von der Größe Gottes, an der man niemals genug lernen kann. Tag für Tag kommen die Menschen, denen ein teurer Freund erkrankt ist, eine Mutter stirbt, denen Gefängnis droht, die von der Behörde verfolgt werden, denen der Sohn assentiert wird, damit er für Fremde exerziere und für Fremde in einem törichten Krieg falle. Oder solche, deren Frauen unfruchtbar sind und die einen Sohn haben wollen. Oder Menschen, die vor einer großen Entscheidung stehen und nicht wissen, was sie zu tun haben. Der Rabbi hilft und vermittelt nicht nur zwischen Mensch und Gott, sondern, was noch schwieriger ist, zwischen Mensch und Mensch. Aus weiten Gegenden kommen sie zu ihm. Er hört in einem Jahr die merkwürdigsten Schicksale, und kein Fall ist so verwickelt, daß er nicht einen noch komplizierteren schon gehört hätte. Der Rabbi hat ebensoviel Weisheit wie Erfahrung und ebensoviel praktische Klugheit wie Glauben an sich selbst und sein Auserwähltsein. Er hilft mit einem Rat ebenso wie mit einem Gebet. Er hat gelernt, die Sprüche der Schriften und die Gebote Gottes so auszulegen, daß sie den Gesetzen des Lebens nicht widersprechen und daß nirgends eine Lücke bleibt, durch die der Leugner schlüpfen könnte. Seit dem ersten Tag der Schöpfung hat sich vieles geändert, nicht aber Gottes Wille, der sich in den Grundgesetzen der Welt ausdrückt. Man bedarf keiner Kompromisse, um das zu beweisen. Alles ist nur Sache des Begreifens. Wer soviel erlebt hat wie der Rabbi, kommt bereits über den Zweifel hinaus. Das Stadium des Wissens hat er schon hinter sich. Der Kreis ist geschlossen. Der Mensch ist wieder gläubig. Die hochmütige Wissenschaft des Chirurgen bringt dem Patienten den Tod und die schale Weisheit des Physikers dem Jünger den Irrtum. Man glaubt nicht mehr dem Wissenden. Man glaubt dem Glaubenden.

Viele glauben ihm. Er selbst, der Rabbi, macht keinen Unterschied zwischen den treuesten Erfüllern der geschriebenen Gebote und den weniger treuen, ja nicht einmal zwischen Jude und Nichtjude, nicht zwischen Mensch und Tier. Wer zu ihm kommt, ist seiner Hilfe gewiß. Er weiß mehr, als er sagen darf. Er weiß, daß über dieser Welt noch eine andere ist, mit anderen Gesetzen, und vielleicht ahnt er sogar, daß Verbote und Gebote in dieser Welt von Sinn, in einer anderen ohne Bedeutung sind. Es kommt ihm auf die Befolgung des ungeschriebenen, aber desto gültigeren Gesetzes an.

Sie belagern sein Haus. Es ist gewöhnlich größer, heller, breiter als die kleinen Judenhäuser. Manche Wunderrabbis können einen wirklichen Hof halten. Ihre Frauen tragen kostbare Kleider und befehlen Dienerinnen, besitzen Pferde und Ställe: nicht, um es zu genießen, sondern um zu repräsentieren.

Es war ein Tag im Spätherbst, an dem ich mich aufmachte, den Rabbi zu besuchen. Der Tag eines östlichen Spätherbstes, der noch warm ist, von einer großen Demut und einer goldenen Entsagung. Ich stand um fünf Uhr früh auf, die Nebel hoben sich feucht und kalt, und über die Rükken der wartenden Pferde strichen sichtbare Schauer. Fünf jüdische Frauen saßen mit mir im Bauernwagen. Sie trugen schwarze, wollene Tücher, sahen älter aus, als sie waren, der Kummer hatte ihre Leiber und ihre Gesichter gezeichnet, sie waren Händlerinnen, sie brachten Geflügel in die Häuser der Wohlhabenden und lebten von geringen Verdiensten. Alle führten ihre kleinen Kinder mit. Wo hätte man die Kinder lassen können, an einem Tage, an dem die ganze Nachbarschaft zum Rabbi fuhr?

Wir kamen, als die Sonne aufging, in die kleine Stadt des Rabbi und sahen, daß schon viele Menschen vor uns gekommen waren. Diese Menschen waren schon einige Tage da, sie schliefen in den Hausfluren, in Scheunen, in Heuschobern, und die bodenständigen Juden machten gute Geschäfte und vermieteten Schlafstellen für gutes Geld. Das große Wirtshaus war überfüllt. Die Straße war holprig, verfaulte Zaunlatten ersetzten ein Pflaster, und auf den Zaunlatten hockten die Menschen.

Ich trug einen kurzen Pelz und hohe Reitstiefel und sah aus wie einer der gefürchteten Beamten des Landes, auf deren Wink man eingesperrt werden kann. Deshalb ließen mich die Leute vorgehen, sie machten mir Platz und wunderten sich über meine Höflichkeit. Vor dem Hause des Rabbi stand ein rothaariger Jude, der Zeremonienmeister, den alle mit Bitten, Flüchen, Geldscheinen und Stößen bedrängten, ein Mann von

Macht, der keine Gnade kannte und mit einer Art gemessener Roheit die Flehenden ebenso zurückstieß wie die Scheltenden. Ja, es kam vor, daß er von manchen Geld nahm und sie dennoch nicht einließ, daß er vergaß, von wem er Geld bekommen hatte, oder so tat, als hätte er es vergessen. Sein Angesicht war von wachsbleicher Farbe und von einem schwarzen, runden Samthut beschattet. Der kupferrote Bart sprang in dichten Haarknäueln vom Kinn aus den Menschen entgegen, war an den Wangen hier und dort ausgegangen wie altes Futter und wuchs ganz nach seinem Belieben und ohne eine gewisse Ordnung zu beachten, welche die Natur auch für Bärte bestimmt hat. Der Jude hatte kleine, gelbe Augen unter sehr spärlichen, kaum sichtbaren Brauen, breite, harte Kinnbacken, die slawische Mischung verrieten, und blasse, bläuliche Lippen. Wenn er schrie, sah man sein starkes, gelbes Gebiß und, wenn er jemanden zurückstieß, seine starke Hand, an der die roten Borsten starrten.

Diesem Mann gab ich einen Wink, den er verstehen mußte. Es bedeutete: hier ist etwas Außerordentliches, und wir können nur unter vier Augen miteinander reden. Er verschwand. Er schlug die Tür zu, sperrte sie ab und kam, die Menschenmenge zerteilend, auf mich zu.

»Ich bin von weit her gekommen, ich bin nicht von hier und möchte den Rabbi sprechen. Aber ich kann Ihnen nicht viel Geld geben.«

»Haben Sie einen Kranken, oder wollen Sie ein Gebet für seine Gesundheit, oder geht es Ihnen schlecht, dann schreiben Sie auf einen Zettel alles, was Sie wollen, und der Rabbi wird es lesen und für Sie beten!«

»Nein, ich will ihn sehen!«

»Dann kommen Sie vielleicht nach den Feiertagen?«

»Das kann ich nicht. Ich muß ihn heute sehen!«

»Da kann ich Ihnen nicht helfen, oder Sie gehen durch die Küche!«

»Wo ist die Küche?«

»Auf der andern Seite.«

»Auf der andern Seite« wartete ein Herr, der offenbar viel gezahlt hatte. Es war ein Herr, in jeder Beziehung ein Herr. Man merkte es an seiner Fülle, an seinem Pelz und an seinem Blick, der weder ein Ziel suchte noch eines gefunden hatte. Er wußte genau, daß die Küchentür aufgehen werde, in fünf, spätestens in zehn Minuten.

Aber als sie wirklich aufging, wurde der reiche Herr ein wenig blaß. Wir gingen durch einen dunklen Korridor, dessen Boden holprig war, und der Herr entzündete Streichhölzer und schritt trotzdem unsicher.

Er verweilte lange beim Rabbi und kam in bester Laune wieder heraus. Später hörte ich, daß dieser Herr die praktische Gewohnheit hatte, zum Rabbi jedes Jahr einmal durch die Küche zu kommen, daß er ein reicher Naphthahändler war und Gruben besaß und so viel Geld unter Armen verstreute, daß er viele Pflichten umgehen durfte, ohne eine Strafe fürchten zu müssen.

Der Rabbi saß in einem schmucklosen Zimmer an einem kleinen Tisch vor dem Fenster, das auf einen Hof hinausging, und stützte die Linke auf den Tisch. Er hatte schwarzes Haar, einen kurzen, schwarzen Bart und graue Augen. Seine Nase sprang kräftig, wie mit einem plötzlichen Entschluß, aus dem Gesicht und wurde am Ende etwas flach und breit. Die Hände des Rabbi waren dünn und knöchern und die Nägel weiß und spitz.

Er fragte mit starker Stimme nach meinen Wünschen und sah mich nur einen Augenblick flüchtig an, um dann in den Hof hinauszusehen.

Ich sagte, ich hätte ihn sehen wollen und von seiner Klugheit viel gehört.

»Gott ist klug!« sagte er und sah mich wieder an.

Er winkte mich an den Tisch, gab mir die Hand und sagte mit dem herzlichen Ton eines alten Freundes: »Alles Gute!«

Ich ging denselben Weg zurück. In der Küche aß der Rothaarige hastig eine Bohnensuppe mit einem Holzlöffel. Ich gab ihm einen Geldschein. Er nahm ihn mit der Linken und führte dabei mit der Rechten den Löffel zum Munde.

Draußen kam er mir nach. Er wollte Neuigkeiten hören und wissen, ob man in Japan noch einmal zum Kriege rüste.

Wir sprachen von den Kriegen und von Europa. Er sagte: »Ich habe gehört, daß die Japaner keine Gojim sind wie die Europäer. Warum führen sie dann Krieg?«

Ich glaube, daß jeder Japaner verlegen geworden wäre und keine Antwort gefunden hätte.

Ich sah, daß in dieser kleinen Stadt lauter rothaarige Juden wohnten. Einige Wochen später feierten sie das Fest der Thora, und ich sah, wie sie tanzten. Das war nicht der Tanz eines degenerierten Geschlechts. Es war nicht nur die Kraft eines fanatischen Glaubens. Es war gewiß eine Gesundheit, die den Anlaß zu ihrem Ausbruch im Religiösen fand.

Die Chassidim faßten sich bei den Händen, tanzten in der Runde, lösten den Ring und klatschten in die Hände, warfen die Köpfe im Takt nach links und rechts, ergriffen die Thorarollen und schwenkten sie im Kreis wie Mädchen und drückten sie an die Brust, küßten sie und weinten vor Freude. Es war im Tanz eine erotische Lust. Es rührte mich tief, daß ein ganzes Volk seine Sinnenfreude seinem Gott opferte und das Buch der strengsten Gesetze zu seiner Geliebten machte und nicht mehr trennen konnte zwischen körperlichem Verlangen und geistigem Genuß, sondern beides vereinte. Es war Brunst und Inbrunst, der Tanz ein Gottesdienst und das Gebet ein sinnlicher Exzeß.

Die Menschen tranken Met aus großen Kannen. Woher stammt die Lüge, daß Juden nicht trinken können? Es ist halb eine Bewunderung, aber auch halb ein Vorwurf, ein Mißtrauen gegen eine Rasse, der man die Stete der Besinnung vorwirft. Ich aber sah, wie Juden die Besinnung verloren, allerdings nicht nach drei Krügen Bier, sondern nach fünf Kannen schweren Mets und nicht aus Anlaß einer Siegesfeier, sondern aus Freude darüber, daß Gott ihnen Gesetz und Wissen gegeben hatte.

Ich hatte schon gesehen, wie sie die Besinnung verloren, weil sie beteten. Das war am Jom Kippur. In Westeuropa heißt er »Versöhnungstag« – die ganze Kompromißbereitschaft des westlichen Juden liegt in diesem Namen. Der Jom Kippur aber ist kein Versöhnungs-, sondern ein Sühne-Tag, ein schwerer Tag, dessen 24 Stunden eine Buße von 24 Jahren enthalten. Er beginnt am Vorabend, um vier Uhr nachmittags. In einer Stadt, deren Einwohner in der überwiegenden Mehrzahl Juden sind, fühlt man das größte aller jüdischen Feste wie ein schweres Gewitter in der Luft, wenn man sich auf hoher See auf einem schwachen Schiff befindet. Die Gassen sind plötzlich dunkel, weil aus allen Fenstern der Kerzenglanz bricht, die Läden eilig und in furchtsamer Hast geschlossen werden – und gleich so unbeschreiblich dicht, daß man glaubt, sie würden erst am Jüngsten Tag wieder geöffnet. Es ist ein allgemeiner Abschied von allem Weltlichen: vom Geschäft, von der Freude, von der Natur und vom Essen, von der Straße und von der Familie, von den Freunden, von den Bekannten. Menschen, die vor zwei Stunden noch im alltäglichen Gewand, mit gewöhnlichen Gesichtern herumgingen, eilen verwandelt durch die Gassen, dem Bethaus entgegen, in schwerer, schwarzer Seide und im furchtbaren Weiß ihrer Sterbekleider, in weißen

Socken und lockeren Pantoffeln, die Köpfe gesenkt, den Gebetmantel unter dem Arm, und die große Stille, die in einer sonst fast orientalisch lauten Stadt hundertfach stark wird, lastet selbst auf den lebhaften Kindern, deren Geschrei in der Musik des Alltagslebens der stärkste Akzent ist. Alle Väter segnen jetzt ihre Kinder. Alle Frauen weinen jetzt vor den silbernen Leuchtern. Alle Freunde umarmen einander. Alle Feinde bitten einander um Vergebung. Der Chor der Engel bläst zum Gerichtstag. Bald schlägt Jehova das große Buch auf, in dem Sünden, Strafen und Schicksale dieses Jahres verzeichnet sind. Für alle Toten brennen jetzt Lichter. Für alle Lebenden brennen andere. Die Toten sind von dieser Welt, die Lebenden vom Jenseits nur je einen Schritt entfernt. Das große Beten beginnt. Das große Fasten hat schon vor einer Stunde begonnen. Hunderte, Tausende, Zehntausende Kerzen brennen neben- und hintereinander, beugen sich zueinander, verschmelzen zu großen Flammen. Aus tausend Fenstern bricht das schreiende Gebet, unterbrochen von stillen, weichen, jenseitigen Melodien, dem Gesang der Himmel abgelauscht. Kopf an Kopf stehen in allen Bethäusern die Menschen. Manche werfen sich zu Boden, bleiben lange unten, erheben sich, setzen sich auf Steinfliesen und Fußschemel, hocken und springen plötzlich auf, wackeln mit den Oberkörpern, rennen auf kleinem Raum unaufhörlich hin und zurück, wie ekstatische Wachtposten des Gebets, ganze Häuser sind erfüllt von weißen Sterbehemden, von Lebenden, die nicht hier sind, von Toten, die lebendig werden, kein Tropfen netzt die trockenen Lippen und erfrischt die Kehlen, die so viel des Jammers hinausschreien – nicht in die Welt, in die Überwelt. Sie werden heute nicht essen und morgen auch nicht. Es ist furchtbar, zu wissen, daß in dieser Stadt heute und morgen niemand essen und trinken wird. Alle sind plötzlich Geister geworden, mit den Eigenschaften von Geistern. Jeder kleine Krämer ist ein Übermensch, denn heute will er Gott erreichen. Alle strecken die Hände aus, um Ihn am Zipfel seiner Gewänder zu erfassen. Alle, ohne Unterschied: die Reichen sind so arm wie die Armen, denn keiner hat etwas zu essen. Alle sind sündig, und alle beten. Es kommt ein Taumel über sie, sie schwanken, sie rasen, sie flüstern, sie tun sich weh, sie singen, rufen, weinen, schwere Tränen rinnen über die alten Bärte, und der Hunger ist verschwunden vor dem Schmerz der Seele und der Ewigkeit der Melodien, die das entrückte Ohr vernimmt.

Eine ähnliche Verwandlung der Menschen sah ich nur bei jüdischen Begräbnissen.

Die Leiche des frommen Juden liegt in einer einfachen Holzkiste, von einem schwarzen Tuch bedeckt. Sie wird nicht geführt, sondern von vier Juden getragen, im Eilschritt – auf dem kürzesten Wege, ich weiß nicht, ob es Vorschrift ist oder ob es geschieht, weil den Trägern ein langsamer Schritt die Last verdoppeln würde. Man rennt fast mit der Leiche durch die Straße. Die Vorbereitungen haben einen Tag gedauert. Länger als 24 Stunden darf kein Toter auf der Erde bleiben. Das Wehklagen der Hinterbliebenen ist in der ganzen Stadt zu hören. Die Frauen laufen durch die Gassen und schreien ihren Schmerz hinaus, jedem Fremden entgegen. Sie reden zum Toten, geben ihm Kosenamen, bitten ihn um Vergebung und Gnade, überhäufen sich mit Vorwürfen, fragen ratlos, was sie jetzt tun würden, versichern, daß sie nicht mehr leben wollen – und alles in der Straßenmitte, auf dem Fahrdamm, im eiligen Lauf –, während aus den Häusern teilnahmslose Gesichter sehen und Fremde ihren Geschäften nachgehen, Wagen vorbeifahren und die Ladenbesitzer Kunden heranlocken.

Auf dem Friedhof spielen sich die erschütterndsten Szenen ab. Frauen wollen die Gräber nicht verlassen, man muß sie bändigen, der Trost sieht wie eine Zähmung aus. Die Melodie des Totengebetes ist von einer grandiosen Einfachheit, die Zeremonie des Begrabens kurz und fast heftig, die Schar der Bettler, die um Almosen ringt, ist groß.

Sieben Tage sitzen die nächsten Hinterbliebenen im Hause des Toten auf dem Boden, auf kleinen Schemeln, sie gehen in Strümpfen und sind selbst wie halbe Tote. In den Fenstern brennt ein kleines, trübes Totenlicht vor einem Stückchen weißer Leinwand, und die Nachbarn bringen den Trauernden ein hartes Ei, die Nahrung desjenigen, dessen Schmerz rund ist, ohne Anfang und ohne Ende.

Aber die Freude kann ebenso heftig wie der Schmerz sein.

Ein Wunderrabbi verheiratete seinen 14jährigen Sohn mit der 16jährigen Tochter eines Kollegen, und die Chassidim beider Rabbis kamen zum Fest, das acht Tage dauerte und an dem etwa 600 Gäste teilnahmen.

Die Behörde hatte ihnen eine alte, unbenutzte Kaserne überlassen. Drei Tage dauerte die Wanderung der Gäste. Sie kamen mit Wagen, Pferden, Strohsäcken, Pölstern, Kindern, Schmuck und großen Koffern und quartierten sich in den Räumen der Kaserne ein.

Es war große Bewegung in der kleinen Stadt. Etwa 200 Chassidim ver-
kleideten sich, zogen alte russische Gewänder an, umgürteten sich mit
alten Schwertern und ritten auf Pferden ohne Sattel durch die Stadt. Es
waren gute Reiter unter ihnen, und sie desavouierten alle schlechten
Witze, die von jüdischen Militärärzten handeln und zu berichten wissen, daß Juden sich vor Pferden fürchten.
Acht Tage dauerte der Lärm, das Drängen, das Singen, das Tanzen und
das Trinken. Zum Fest wurde ich nicht zugelassen. Es war nur für die
Beteiligten und ihre Anhänger arrangiert. Die Fremden drängten sich
draußen, sahen durch die Fenster und lauschten der Tanzmusik, die übrigens gut war.

Es gibt nämlich gute jüdische Musiker im Osten. Dieser Beruf ist erb-
lich. Einzelne Musiker bringen es zu hohem Ansehen und zu einem
Ruhm, der ein paar Meilen über ihre Heimatstadt hinausreicht. Einen
größeren Ehrgeiz haben die echten Musiker nicht. Sie komponieren
Melodien, die sie, ohne von Noten eine Ahnung zu haben, ihren Söhnen
vererben und manchmal großen Teilen des ostjüdischen Volkes. Sie sind
die Komponisten der Volkslieder. Wenn sie gestorben sind, erzählt man
noch fünfzig Jahre lang Anekdoten aus ihrem Leben. Bald ist ihr Name
verschollen, und ihre Melodien werden gesungen und wandern allmählich durch die Welt.
Die Musiker sind sehr arm, denn sie leben von fremden Freuden. Man
bezahlt sie miserabel, und sie sind froh, wenn sie gute Speisen und Leb-
kuchen für ihre Familie mitnehmen dürfen. Sie bekommen von den reichen Gästen, denen sie »aufspielen«, Trinkgelder. Nach dem unerbittli-
chen Gesetz des Ostens hat jeder arme Mann, also auch der Musiker,
viele Kinder. Das ist schlimm, aber auch gut. Denn die Söhne werden
Musiker und bilden eine »Kapelle«, die um so mehr verdient, als sie
größer ist und der Ruhm ihres Namens um so weiter verbreitet wird, als
es mehr Träger dieses Namens gibt. Manchmal geht ein später Nach-
komme dieser Familie in die Welt und wird ein berühmter Virtuose. Es
leben einige solcher Musiker im Westen, deren Namen zu nennen keinen Sinn hat. Nicht, weil es ihnen etwa peinlich sein könnte, sondern
weil es ungerecht wäre gegenüber den unbekannten Ahnen, die es nicht
nötig haben, sich ihre Größe durch das Talent ihrer Enkel bestätigen zu
lassen.

Zu einem künstlerischen Ruhm bringen es auch die Sänger, die Vorbeter, die man im Westen Kantoren nennt und deren Berufsname Chasen lautet. Diesen Sängern geht es meist besser als den Musikern, weil ihre Aufgabe eine religiöse, ihre Kunst eine andächtige und weihevolle ist. Ihre Tätigkeit stellt sie in die Nähe der Priester. Manche, deren Ruf bis nach Amerika dringt, erhalten Einladungen in die reichen amerikanischen Judenviertel. In Paris, wo es einige reiche ostjüdische Gemeinden gibt, lassen die Repräsentanten der Synagogen jedes Jahr zu den Feiertagen einen der berühmten Sänger und Vorbeter aus dem Osten kommen. Die Juden gehen dann zum Gebet, wie man zu einem Konzert geht, und sowohl ihr religiöses als auch ihr künstlerisches Bedürfnis wird befriedigt. Es ist möglich, daß der Inhalt der gesungenen Gebete, der Raum, in dem sie vorgetragen werden, den künstlerischen Wert des Sängers steigern. Ich habe nie nachprüfen können, ob die Juden recht hatten, die mir mit Überzeugung sagten, der und jener Chasen hätte besser gesungen als Caruso.

Den seltsamsten Beruf hat der ostjüdische Batlen, ein Spaßmacher, ein Narr, ein Philosoph, ein Geschichtenerzähler. In jeder kleinen Stadt lebt mindestens *ein* Batlen. Er erheitert die Gäste bei Hochzeiten und Kindstaufen, er schläft im Bethaus, ersinnt Geschichten, hört zu, wenn die Männer disputieren, und zerbricht sich den Kopf über unnütze Dinge. Man nimmt ihn nicht ernst. Er aber ist der ernsteste aller Menschen. Er hätte ebenso mit Federn und mit Korallen handeln können wie jener Wohlhabende, der ihn zur Hochzeit lädt, damit er sich über sich selbst lustig mache. Aber er handelt nicht. Es fällt ihm schwer, ein Gewerbe zu betreiben, zu heiraten, Kinder zu zeugen und ein angesehenes Mitglied der Gesellschaft zu sein. Manchmal wandert er von Dorf zu Dorf, von Stadt zu Stadt. Er verhungert nicht, er ist immer am Rande des Hungers. Er stirbt nicht, er entbehrt nur, aber er will entbehren. Seine Geschichten würden wahrscheinlich in Europa Aufsehen erregen, wenn sie gedruckt würden. Viele behandeln Themen, die man aus der jiddischen und aus der russischen Literatur kennt. Der berühmte Scholem Alechem war der Typus eines Batlen – nur bewußter, ehrgeiziger und von seiner Kulturaufgabe überzeugt.
Die epischen Begabungen sind überhaupt häufig im Osten. In jeder Familie gibt es einen Onkel, der Geschichten zu erzählen weiß. Es sind meist stille Dichter, die ihre Geschichten vorbereiten oder, während sie erzählen, erfinden und verändern.

Die Winternächte sind kalt und lang, und die Geschichtenerzähler, die gewöhnlich nicht genug Holz zum Heizen haben, erzählen gerne für ein paar Glas Tee und ein bißchen Ofenwärme. Sie werden anders, besser behandelt als die Spaßmacher von Beruf. Denn jene versuchen wenigstens, einen praktischen Beruf auszuüben, und sind schlau genug, vor dem durchaus praktisch gesinnten Durchschnittsjuden den schönen Wahn zu verbergen, den die Narren weithin verkünden. Diese sind Revolutionäre. Die Geschichtenerzähler aus Liebhaberei aber haben Kompromisse mit der bürgerlichen Welt geschlossen und sind Dilettanten geblieben. Der Durchschnittsjude schätzt Kunst und Philosophie, sofern sie nicht religiös sind, nur als »Unterhaltung«. Aber er ist ehrlich genug, es zuzugeben, und er hat nicht den Ehrgeiz, von Musik und Kunst zu sprechen.

Das jiddische Theater ist seit einigen Jahren im Westen so bekannt geworden, daß an dieser Stelle eine Würdigung überflüssig wäre. Es ist fast mehr eine Institution des westlichen Gettos als der östlichen. Der fromme Jude besucht es nicht, weil er glaubt, es verstoße gegen die religiösen Vorschriften. Die Besucher des Theaters im Osten sind aufgeklärte Juden, die meist heute schon national fühlen. Sie sind Europäer, wenn auch noch weit entfernt vom Typus des westeuropäischen Theaterbesuchers, der den »Abend totschlägt«.

Man kennt im Westen den Typus des ostjüdischen Landmenschen überhaupt nicht. Er kommt nie nach dem Westen. Er ist mit seiner »Scholle« so verwachsen wie der Bauer. Er ist selbst ein halber Bauer. Er ist Pächter oder Müller oder Schankwirt im Dorf. Er hat nie etwas gelernt. Er kann oft kaum lesen und schreiben. Er kann gerade noch kleine Geschäfte machen. Er ist gerade noch klüger als der Bauer. Er ist stark und groß und von einer unwahrscheinlichen Gesundheit. Er besitzt körperlichen Mut, liebt eine Schlägerei und scheut keine Gefahr. Viele nützen ihre Überlegenheit gegenüber den Bauern aus und gaben im alten Rußland Anlaß zu örtlichen Pogromen, in Galizien zu antisemitischen Hetzen. Aber viele sind von einer bäuerlichen Naturfrömmigkeit und einer großen Redlichkeit des Herzens. Viele haben den gesunden Menschenverstand, den man in allen Ländern findet und der sich dort entwickelt, wo eine vernünftige Rasse unmittelbar den Gesetzen der Natur ergeben ist.

Es fällt mir schwer, vom ostjüdischen Proletariat zu sprechen. Ich kann einem großen Teil dieses Proletariats nicht den schweren Vorwurf ersparen, daß es seiner eigenen Klasse feindlich gegenübersteht; und wenn nicht feindlich, so doch gleichgültig. Keiner der vielen ungerechten und sinnlosen Vorwürfe, die man im Westen gegen die Ostjuden erhebt, ist so ungerecht, so sinnlos wie der, daß sie Zerstörer der Ordnung sind, also das, was der Spießer Bolschewik nennt. Der arme Jude ist der konservativste Mensch unter allen Armen der Welt. Er ist geradezu eine Garantie für die Erhaltung der alten Gesellschaftsordnung. Die Juden in ihrer großen, geschlossenen Mehrheit sind eine bürgerliche Klasse mit eigenen nationalen, religiösen und Rassenmerkmalen. Der Antisemitismus im Osten (wie übrigens auch im Westen) ist oft revolutionärer, nach dem bekannten Wort wirklich ein »Sozialismus der Trottel« – aber immerhin ein Sozialismus. Der slawische arme Teufel, der kleine Bauer, der Arbeiter, der Handwerker, sie leben in der Überzeugung, daß der Jude Geld hat. Er hat ebensowenig Geld wie seine antisemitischen Feinde. Aber er lebt bürgerlich. Er hungert und darbt mehr geregelt als der christliche Proletarier. Man kann sagen: er nimmt täglich zu bestimmten Stunden seine Mahlzeiten nicht ein. Nur einmal in der Woche – am Freitagabend ißt er wie der wohlhabende Glaubensgenosse. Seine Kinder schickt er in die Schule, er kleidet sie besser, er kann sparen, und er besitzt, weil er einer alten Rasse angehört, immer etwas: einen Schmuck, den er von den Urvätern ererbt hat, Betten, Möbel. Immer findet er noch eine wertvolle Kleinigkeit in seinem Hause. Er ist klug genug, nichts zu verkaufen. Er betrinkt sich nicht und hat nicht den traurigen, aber gesunden Leichtsinn des christlichen Proleten. Er kann seiner Tochter fast immer eine kleine Mitgift, immer eine Aussteuer geben. Er kann sogar seinen Schwiegersohn erhalten. Mag der Jude ein Handwerker oder ein kleiner Händler sein, ein armer Gelehrter oder ein Tempeldiener, ein Bettler oder ein Wasserträger – er *will* kein Proletarier sein, er *will* sich von der armen Bevölkerung des Landes unterscheiden, er *spielt* einen Wohlsituierten. Er wird, wenn er ein Bettler ist, es vorziehen, in den Häusern der Reichen zu betteln, nicht auf der Straße. Er bettelt auch in den Straßen, aber seine Haupteinnahme bezieht er bei einer Art Stammkundschaft, die er sehr pünktlich aufsucht. Er wird beim reichen Bauern nicht betteln; aber beim weniger bemittelten Juden. Er hat immer einen bürgerlichen Stolz. Das bourgeoise Talent der Juden, wohltätig zu sein, hat seinen Grund im Konservatismus des Judentums, und es verhindert eine Revolutionierung der proletarischen Masse. Religion und Sitte verbieten jede Gewaltsamkeit, verbieten Aufruhr, Empörung und sogar offenen Neid. Der arme gläubige Jude hat sich mit seinem Schicksal abgefunden wie der arme Gläubige jeder Religion. Gott macht den einen reich, den andern arm. Empörung gegen den Reichen wäre Empörung gegen Gott.

Bewußte Proletarier sind nur die jüdischen Arbeiter. Da gibt es einen Sozialismus verschiedener Schattierungen. Der ostjüdische Sozialist und Proletarier ist naturgemäß weniger Jude als sein bürgerlicher oder halbproletarischer Stammesgenosse. Auch dann weniger Jude, wenn er sich zum nationalen Judentum bekennt und zum Zionismus. Der nationalste jüdische Sozialist ist der Poale-Zionist, der ein sozialistisches, mindestens ein Arbeiter-Palästina ersehnt. Zwischen jüdischen Sozialisten und Kommunisten sind die Grenzen weniger scharf, und von einer Feindschaft unter Proletariern, wie bei uns, kann keine Rede sein. Viele jüdische Arbeiter gehören den sozialistischen und kommunistischen Parteien ihrer Länder an, sind also polnische, russische, rumänische Sozialisten. Bei fast allen steht die nationale Frage hinter der sozialen. Die Arbeiter aller Nationen denken so. »Nationale Freiheit« ist der Luxusbegriff eines Geschlechts, das keine anderen Sorgen hat. Wenn von allen Nationen eine berechtigt ist, in der »nationalen Frage« einen lebenswichtigen Inhalt zu erkennen, so sind es die Juden, die der Nationalismus der andern zwingt, eine »Nation« zu werden. Dennoch empfinden sogar die Arbeiter *dieser* Nation die größere Wichtigkeit des sozialen Problems. Sie sind stärker in ihrem proletarischen Empfinden, ehrlicher und konsequenter: sie sind also »radikaler«, was ja in Westeuropa durch den modernen Jargon der Parteiführer bereits eine schimpfliche Eigenschaft ist. Es ist nur ein Irrtum der Antisemiten, zu glauben, die Juden wären radikale Revolutionäre. Den bürgerlichen und halbproletarischen Juden ist ein jüdischer Revolutionär ein Greuel.

Ich bin in der großen Verlegenheit, Menschen gegen ihren Willen Proletarier nennen zu müssen. Einigen kann ich die mildernde, in Westeuropa erfundene unsinnige Bezeichnung »geistige Proletarier« konzedieren. Es sind dies die Thoraschreiber, die jüdischen Lehrer, die Gebetmäntelhersteller und die Wachslichterzeuger, die rituellen Schlächter und die kleinen Kultusbeamten. Es sind, sagen wir: konfessionelle Proletarier. Dann aber gibt es noch eine ganze große Schar von Leidenden, Getretenen, Mißachteten, die weder im Glauben noch in einem Klassenbewußtsein, noch in einer revolutionären Gesinnung Trost finden. Zu ihnen gehören zum Beispiel die Wasserträger in den kleinen Städten, die von morgens früh bis zum späten Abend die Fässer in den Häusern der Wohlhabenden mit Wasser füllen – gegen einen kargen Wochenlohn. Es sind rührende, naive Menschen, von einer fast unjüdischen körperlichen Kraft. Ihnen sozial gleichgestellt sind die Möbelpacker, die Kofferträger und eine ganze Reihe anderer, die von Gelegenheitsarbeiten leben – aber von *Arbeiten*. Es ist ein gesundes Geschlecht, tapfer und gutherzig. Nirgends ist Güte so nahe bei körperlicher Kraft, nirgends Roheit so fern von einer groben Tätigkeit wie beim jüdischen Gelegenheitsarbeiter.

Manche zum Judentum übergetretene slawische Bauern leben von solchen Gelegenheitsarbeiten. Derlei Übertritte sind im Osten verhältnismäßig häufig, obwohl das offizielle Judentum sich dagegen wehrt und die jüdische Religion unter allen Religionen der Welt die einzige ist, die nicht bekehren will. Ohne Zweifel ist in den Ostjuden viel mehr slawisches Blut als etwa in den deutschen Juden germanisches. Wenn die westeuropäischen Antisemiten und deutschnationalen Juden also glauben, die Ostjuden wären »semitischer« und also »gefährlicher«, so ist das ebenso ein Irrtum wie der Glaube eines westjüdischen Bankiers, der sich »arischer« fühlt, weil in seiner Verwandtschaft schon Mischehen vorgekommen sind.

DIE WESTLICHEN GETTOS

WIEN

I

Die Ostjuden, die nach Wien kommen, siedeln sich in der Leopoldstadt an, dem zweiten der zwanzig Bezirke. Sie sind dort in der Nähe des Praters und des Nordbahnhofs. Im Prater können Hausierer leben – von Ansichtskarten für die Fremden und vom Mitleid, das den Frohsinn überall zu begleiten pflegt. Am Nordbahnhof sind sie alle angekommen, durch seine Hallen weht noch das Aroma der Heimat, und es ist das offene Tor zum Rückweg.

Die Leopoldstadt ist ein freiwilliges Getto. Viele Brücken verbinden sie mit den andern Bezirken der Stadt. Über diese Brücken gehen tagsüber die Händler, Hausierer, Börsenmakler, Geschäftemacher, also alle unproduktiven Elemente des eingewanderten Ostjudentums. Aber über dieselben Brücken gehen in den Morgenstunden auch die Nachkommen derselben unproduktiven Elemente, die Söhne und Töchter der Händler, die in den Fabriken, Büros, Banken, Redaktionen und Werkstätten arbeiten.

Die Söhne und Töchter der Ostjuden sind produktiv. Mögen die Eltern schachern und hausieren. Die Jungen sind die begabtesten Anwälte, Mediziner, Bankbeamten, Journalisten, Schauspieler.

Die Leopoldstadt ist ein armer Bezirk. Es gibt kleine Wohnungen, in denen sechsköpfige Familien wohnen. Es gibt kleine Herbergen, in denen fünfzig, sechzig Leute auf dem Fußboden übernachten.

Im Prater schlafen die Obdachlosen. In der Nähe der Bahnhöfe wohnen die Ärmsten aller Arbeiter. Die Ostjuden leben nicht besser als die christlichen Bewohner dieses Stadtteils.

Sie haben viele Kinder, sie sind an Hygiene und Sauberkeit nicht gewöhnt, und sie sind gehaßt.

Niemand nimmt sich ihrer an. Ihre Vettern und Glaubensgenossen, die im ersten Bezirk in den Redaktionen sitzen, sind »schon« Wiener, und wollen nicht mit Ostjuden verwandt sein oder gar verwechselt werden. Die Christlichsozialen und Deutschnationalen haben den Antisemitismus als wichtigen Programmpunkt. Die Sozialdemokraten fürchten den Ruf einer »jüdischen Partei«. Die Jüdischnationalen sind ziemlich machtlos. Außerdem ist die jüdisch-nationale Partei eine bürgerliche. Die große Masse der Ostjuden aber ist Proletariat.

Die Ostjuden sind auf die Unterstützung durch die bürgerlichen Wohlfahrtsorganisationen angewiesen. Man ist geneigt, die jüdische Barmherzigkeit höher einzuschätzen, als sie verdient. Die jüdische Wohltätigkeit ist ebenso eine unvollkommene Einrichtung wie jede andere. Die Wohltätigkeit befriedigt in erster Linie die Wohltäter. In einem jüdischen Wohlfahrtsbüro wird der Ostjude von seinen Glaubensgenossen und sogar von seinen Landsleuten oft nicht besser behandelt als von Christen. Es ist furchtbar schwer, ein Ostjude zu sein; es gibt kein schwereres Los als das eines fremden Ostjuden in Wien.

Wenn er den zweiten Bezirk betritt, grüßen ihn vertraute Gesichter. Grüßen sie ihn? Ach, er sieht sie nur. Die schon vor zehn Jahren hierhergekommen sind, lieben die Nachkommenden gar nicht. Noch einer ist angekommen. Noch einer will verdienen. Noch einer will leben. Das Schlimmste: daß man ihn nicht umkommen lassen kann. Er ist kein Fremder. Er ist ein Jude und ein Landsmann.

Irgend jemand wird ihn aufnehmen. Ein anderer wird ihm ein kleines Kapital vorstrecken oder Kredit verschaffen. Ein dritter wird ihm eine »Tour« abtreten oder zusammenstellen. Der Neue wird ein Ratenhändler.

Der erste, schwerste Weg führt ihn ins Polizeibüro.

Hinter dem Schalter sitzt ein Mann, der die Juden im allgemeinen und die Ostjuden im besonderen nicht leiden mag.

Dieser Mann wird Dokumente verlangen. Unwahrscheinliche Dokumente. Niemals verlangt man von christlichen Einwanderern derlei Dokumente. Außerdem sind christliche Dokumente in Ordnung. Alle Christen haben verständliche, europäische Namen. Juden haben unverständliche und jüdische. Nicht genug daran: sie haben zwei und drei durch ein *false* oder ein *recte* verbundene Familiennamen. Man weiß niemals, wie sie heißen. Ihre Eltern sind nur vom Rabbiner getraut worden. Diese Ehe hat keine gesetzliche Gültigkeit. Hieß der Mann Weinstock und die Frau Abramofsky, so hießen die Kinder dieser Ehe: Weinstock recte Abramofsky oder auch Abramofsky false Weinstock. Der Sohn wurde auf den jüdischen Vornamen Leib Nachman getauft. Weil dieser Name aber schwierig ist und einen aufreizenden Klang haben könnte, nennt sich der Sohn Leo. Er heißt also: Leib Nachman genannt Leo Abramofsky false Weinstock.

Solche Namen bereiten der Polizei Schwierigkeiten. Die Polizei liebt keine Schwierigkeiten. Wären es nur die Namen. Aber auch die Geburtsdaten stimmen nicht. Gewöhnlich sind die Papiere verbrannt. (In kleinen galizischen, litauischen und ukrainischen Orten hat es in den Standesämtern immer gebrannt.) Alle Papiere sind verloren. Die Staatsbürgerschaft ist nicht geklärt. Sie ist nach dem Krieg und der Ordnung von Versailles noch verwickelter geworden. Wie kam jener über die Grenze? Ohne Paß? Oder gar mit einem falschen? Dann heißt er also nicht so, wie er heißt, und obwohl er so viele Namen angibt, die selbst gestehen, daß sie falsch sind, sind sie auch wahrscheinlich noch objektiv falsch. Der Mann auf den Papieren, auf dem Meldezettel ist nicht identisch mit dem Mann, der soeben angekommen ist. Was kann man tun? Soll man ihn einsperren? Dann ist nicht der Richtige eingesperrt. Soll man ihn ausweisen? Dann ist ein Falscher ausgewiesen. Aber wenn man ihn zurückschickt, damit er neue Dokumente, anständige, mit zweifellosen Namen bringe, so ist jedenfalls nicht nur der Richtige zurückgeschickt, sondern eventuell aus einem Unrichtigen ein Richtiger gemacht worden.

Man schickt ihn also zurück, einmal, zweimal, dreimal. Bis der Jude gemerkt hat, daß ihm nichts anderes übrigbleibt, als falsche Daten anzugeben, damit sie wie ehrliche aussehen. Bei einem Namen zu bleiben, der vielleicht nicht sein eigener, aber doch ein zweifelloser, glaubwürdiger Namen ist. Die Polizei hat den Ostjuden auf die gute Idee gebracht, seine echten, wahren, aber verworrenen Verhältnisse durch erlogene, aber ordentliche zu kaschieren.

Und jeder wundert sich über die Fähigkeit der Juden, falsche Angaben zu machen. Niemand wundert sich über die naiven Forderungen der Polizei.

3

Man kann ein Hausierer oder ein Ratenhändler sein.

Ein Hausierer trägt Seife, Hosenträger, Gummiartikel, Hosenknöpfe, Bleistifte in einem Korb, den er um den Rücken umgeschnallt hat. Mit diesem kleinen Laden besucht man verschiedene Cafés und Gasthäuser. Aber es ist ratsam, sich vorher zu überlegen, ob man gut daran tut, hier und dort einzukehren.

Auch zu einem einigermaßen erfolgreichen Hausieren gehört eine jahrelange Erfahrung. Man geht am sichersten zu Piowati, um die Abendstunden, wenn die vermögenden Leute koschere Würste mit Kren essen. Schon der Inhaber ist es dem jüdischen Ruf seiner Firma schuldig, einen armen Hausierer mit einer Suppe zu bewirten. Das ist nun auf jeden Fall ein Verdienst. Was die Gäste betrifft, so sind sie, wenn bereits gesättigt, sehr wohltätiger Stimmung. Bei niemandem hängt die Güte so innig mit der körperlichen Befriedigung zusammen wie beim jüdischen Kaufmann. Wenn er gegessen hat und wenn er gut gegessen hat, ist er sogar imstande, Hosenträger zu kaufen, obwohl er sie selbst in seinem Laden führt. Meist wird er gar nichts kaufen und ein Almosen geben.

Man darf natürlich nicht etwa als der sechste Hausierer zu Piowati kommen. Beim dritten hört die Güte auf. Ich kannte einen jüdischen Hausierer, der alle drei Stunden in denselben Piowati-Laden eintrat. Die Generationen der Esser wechseln alle drei Stunden. Saß noch ein Gast von der alten Generation, so mied der Hausierer dessen Tisch. Er wußte genau, wo das Herz aufhört und wo die Nerven beginnen.

In einem ganz bestimmten Stadium der Trunkenheit sind auch die Christen gutherzig. Man kann also am Sonntag in die kleinen Schenken und in die Cafés der Vororte eintreten, ohne Schlimmes zu befürchten. Man wird ein wenig gehänselt und beschimpft werden, aber so äußert sich eben die Gutmütigkeit. Besonders Witzige werden den Korb wegnehmen, verstecken und den Hausierer ein wenig zur Verzweiflung bringen. Er lasse sich nicht erschrecken! Es sind lauter Äußerungen des goldenen Wiener Herzens. Ein paar Ansichtskarten wird er schließlich verkaufen.

Alle seine Einnahmen reichen nicht aus, ihn selbst zu ernähren. Dennoch wird der Hausierer Frau, Töchter und Söhne zu erhalten wissen. Er wird seine Kinder in die Mittelschule schicken, wenn sie begabt sind, und Gott will, daß sie begabt sind. Der Sohn wird einmal ein berühmter Rechtsanwalt sein, aber der Vater, der so lange hausieren mußte, wird weiter hausieren wollen. Manchmal fügt es sich, daß die Urenkel des Hausierers christlich-soziale Antisemiten sind. Es hat sich schon oft so gefügt.

4

Welch ein Unterschied zwischen einem Hausierer und einem Ratenhändler? Jener verkauft für bares Geld und dieser auf Ratenzahlung. Jener braucht eine kleine Tour und dieser eine große. Jener fährt nur mit der Vorortbahn und dieser auch mit der großen Eisenbahn. Aus jenem wird niemals ein Kaufmann, aus diesem vielleicht.

Der Ratenhändler ist nur in einer Zeit der festen Valuta möglich. Die große Inflation hat allen Ratenhändlern die traurige Existenz genommen. Sie sind Valutenhändler geworden.

Auch einem Valutenhändler ging es nicht gut. Kaufte er rumänische Lei, so fielen sie an der Börse. Verkaufte er sie, fingen sie an zu steigen. Wenn der Dollar in Berlin hoch stand, die Mark in Wien ebenfalls, so fuhr der Valutenhändler nach Berlin, Mark einkaufen. Er kam nach Wien zurück, um für die hohen Mark Dollar einzukaufen. Dann fuhr er mit den Dollars nach Berlin, um noch mehr Mark einzukaufen. Aber so schnell fährt keine Eisenbahn, wie eine Mark fällt. Ehe er nach Wien kam, hatte er schon die Hälfte.

Der Valutenhändler hätte mit allen Börsen der Welt in telephonischer Verbindung stehen müssen, um wirklich zu verdienen. Er aber stand nur mit einer schwarzen Börse seines Aufenthaltsortes in Verbindung. Man hat die Schädlichkeit, aber auch die Informiertheit der schwarzen Börse gewaltig überschätzt. Noch schwärzer als die schwarze Börse war die offizielle, schneeweiße, in Unschuld prangende und von der Polizei geschützte. Die schwarze Börse war die schmutzige Konkurrenz einer schmutzigen Institution. Die Valutenhändler waren die gescholtenen Konkurrenten der ehrenhaft genannten Banken.

Nur die wenigsten kleinen Valutenhändler sind wirklich reich geworden.

Die meisten sind heute wieder, was sie gewesen sind: arme Ratenhändler.

5

Die Kunden des Ratenhändlers sind Leute, die kein Geld besitzen, aber ein Einkommen. Studenten, kleine Beamte, Arbeiter. Jede Woche kommt der Ratenhändler zu den Kunden, einkassieren und neue Ware verkaufen. Da der Bedarf der kleinen Leute groß ist, kaufen sie verhältnismäßig viel. Da ihr Einkommen sehr gering ist, zahlen sie verhältnismäßig wenig. Der Ratenhändler weiß nicht, worüber er sich freuen soll: über den steigenden Absatz oder über den fallenden. Je mehr er verkauft, desto langsamer bekommt er sein Geld.

Soll er die Preise erhöhen? Dann gehen die Leute in das nächste Warenhaus, deren es jetzt in allen kleinen Städten einige gibt. Der Ratenhändler ist für sie billiger, weil er die Eisenbahn bezahlt, die sie sonst bezahlen müssen. Mit ihm kommt das Warenhaus zu den Kunden. Er ist bequemer.

Infolgedessen ist sein Leben unbequem. Wenn er die Eisenbahn ersparen will, muß er, schwer bepackt, zu Fuß gehen. Also geht er langsam. Dabei kommt er nicht überall zurecht. Er muß Sonntag bei allen sein, die ihm Geld schuldig sind. Der Lohn ist Sonnabend bezahlt worden, er ist also Montag nicht mehr vorhanden. Fährt der Ratenhändler aber Eisenbahn, so zahlt er auf jeden Fall, er kommt auch überall zurecht, aber sehr oft ist der Wochenlohn schon am Sonntag nicht mehr vorhanden.

So sind die jüdischen Schicksale.

6

Was kann ein Ostjude sonst werden? Ist er Arbeiter, so nimmt ihn keine Fabrik. Es gibt viele heimische Arbeitslose. Aber selbst, wenn es sie nicht gäbe – man nimmt nicht einmal christliche Ausländer, geschweige denn jüdische.

Es gibt auch ostjüdische Handwerker. In der Leopoldstadt und in der Brigittenau leben viele ostjüdische Herrenschneider. Die Juden sind begabte Schneider. Aber es ist ein Unterschied, ob man ein Lokal, einen »Modesalon« im ersten Bezirk, in der Herrengasse hat oder eine Werkstatt in der Küche eines Hauses in der Kleinen Schiffgasse.

Wer kommt in die Kleine Schiffgasse? Wer nicht gezwungen ist hinzugehen, der geht lieber an ihr vorbei. In der Kleinen Schiffgasse riecht es nach Zwiebeln und Petroleum, nach Hering und Seife, nach Spülwasser und Hausrat, nach Benzin und Kochtöpfen, nach Schimmel und Delikatessen. Schmutzige Kinder spielen in der Kleinen Schiffgasse. Man staubt Teppiche an offenen Fenstern und lüftet Betten. Flaumfedern schwimmen in der Luft.

In so einer Gasse wohnt der jüdische kleine Schneider. Aber wäre es nur die Gasse! Seine Wohnung besteht aus einem Zimmer und einer Küche. Und nach den rätselhaften Gesetzen, nach denen Gott die Juden regiert, hat ein armer ostjüdischer Schneider sechs und mehr Kinder, aber nur selten einen Gehilfen. Die Nähmaschine rasselt, das Bügeleisen steht auf dem Nudelbrett, auf dem Ehebett nimmt er Maß. Wer sucht einen solchen Schneider auf?

Er »zehrt« nicht »am Mark der Eingeborenen«, der ostjüdische Schneider. Er lockt keinen Kunden dem christlichen Schneider weg. Er kann zuschneiden, seine Arbeit ist vorzüglich. Vielleicht wird er nach zwanzig Jahren einen wirklichen Modesalon im ersten Bezirk, in der Herrengasse haben. Aber dann wird er ihn auch redlich verdient haben. Auch Ostjuden sind keine Zauberer. Was sie erreichen, kostet Mühsal, Schweiß und Not.

7

Wenn ein Ostjude viel Glück und Geld hat, kann er unter Umständen eine »Konzession« erhalten und einen Laden aufmachen. Seine Kunden sind die kleinen, armen Leute des Viertels. Zum Beispiel der oben geschilderte Herrenschneider. Der zahlt nicht bar, er hat Kredit. Das sind die »Geschäfte« der Ostjuden.

Es gibt ostjüdische Intellektuelle. Lehrer, Schreiber und so weiter. Es gibt auch Almosenempfänger. Verschämte Bettler. Straßenbettler. Musikanten. Zeitungsverkäufer. Sogar Stiefelputzer.

Und sogenannte »Lufthändler«. Händler mit »Luftware«. Die Ware liegt noch irgendwo in Ungarn auf einem Bahnhof. Sie liegt aber gar nicht auf dem ungarischen Bahnhof. Sie wird am Franz-Josephs-Kai gehandelt.

Es gibt ostjüdische Betrüger. Freilich: Betrüger! Aber es gibt auch westeuropäische Betrüger.

8

Die zwei großen Straßen der Leopoldstadt sind: die Taborstraße und die Praterstraße. Die Praterstraße ist beinahe herrschaftlich. Sie führt direkt ins Vergnügen. Juden und Christen bevölkern sie. Sie ist glatt, weit und hell. Sie hat viele Cafés.

Viele Cafés sind auch in der Taborstraße. Es sind jüdische Cafés. Ihre Besitzer sind meist jüdisch, ihre Gäste fast durchwegs. Die Juden gehen gerne ins Kaffeehaus, um Zeitung zu lesen, Tarock und Schach zu spielen und Geschäfte zu machen.

Juden sind gute Schachspieler. Sie haben auch christliche Partner. Ein guter christlicher Schachspieler kann kein Antisemit sein.

In den jüdischen Cafés gibt es stehende Gäste. Sie bilden im wahren Sinne des Wortes die »Laufkundschaft«. Sie sind Stammgäste, ohne Speise und Trank einzunehmen. Sie kommen achtzehnmal im Lauf eines Vormittags ins Lokal. Das Geschäft erfordert es.

Sie verursachen viel Geräusch. Sie sprechen eindringlich, laut und ungezwungen. Weil alle Besucher Menschen von Welt und guten Manieren sind, fällt niemand auf, obwohl er auffällig ist.

In einem echten jüdischen Kaffeehaus kann man den Kopf unter den Arm nehmen. Niemand kümmert sich darum.

9

Der Krieg hat viele ostjüdische Flüchtlinge nach Wien gebracht. Solange ihre Heimat besetzt war, gab man ihnen »Unterstützungen«. Man schickte ihnen nicht etwa das Geld nach Haus. Sie mußten in den kältesten Wintertagen, in den frühesten Nachtstunden anstehen. Alle: Greise, Kranke, Frauen, Kinder.

Sie schmuggelten. Sie brachten Mehl, Fleisch, Eier aus Ungarn. Man sperrte sie in Ungarn ein, weil sie die Nahrungsmittel aufkauften. Man sperrte sie in Österreich ein, weil sie nichtrationierte Lebensmittel ins Land brachten. Sie erleichterten den Wienern das Leben. Man sperrte sie ein.

Nach dem Krieg wurden sie, zum Teil gewaltsam, repatriiert. Ein sozialdemokratischer Landeshauptmann ließ sie ausweisen. Für Christlichsoziale sind's Juden. Für Deutschnationale sind sie Semiten. Für Sozialdemokraten sind sie unproduktive Elemente.

Sie aber sind arbeitsloses Proletariat. Ein Hausierer ist ein Proletarier.

Wenn er nicht mit den Händen arbeitet, so schafft er mit den Füßen. Wenn er keine bessere Arbeit findet, so ist es nicht seine Schuld. Wozu diese Selbstverständlichkeiten? Wer glaubt das Selbstverständliche?

BERLIN

I

Kein Ostjude geht freiwillig nach Berlin. Wer in aller Welt kommt freiwillig nach Berlin?

Berlin ist eine Durchgangsstation, in der man aus zwingenden Gründen länger verweilt. Berlin hat kein Getto. Es hat ein jüdisches Viertel. Hierher kommen die Emigranten, die über Hamburg und Amsterdam nach Amerika wollen. Hier bleiben sie oft stecken. Sie haben nicht genug Geld. Oder ihre Papiere sind nicht in Ordnung.

(Freilich: die Papiere! Ein halbes jüdisches Leben verstreicht in zwecklosem Kampf gegen Papiere.)

Die Ostjuden, die nach Berlin kommen, haben oft ein Durchreisevisum, das sie berechtigt, zwei bis drei Tage in Deutschland zu bleiben. Es sind schon manche, die nur ein Durchreisevisum hatten, zwei bis drei Jahre in Berlin geblieben.

Von den alteingesessenen Berliner Ostjuden sind die meisten noch vor dem Kriege gekommen. Verwandte sind ihnen nachgereist. Flüchtlinge aus den okkupierten Gebieten kamen nach Berlin. Juden, die in Rußland, in der Ukraine, in Polen, in Litauen der deutschen Okkupationsarmee Dienste geleistet hatten, mußten mit der deutschen Armee nach Deutschland.

Es gibt auch ostjüdische Verbrecher in Berlin. Taschendiebe, Heiratsschwindler, Betrüger, Banknotenfälscher, Inflationsschieber. Fast keine Einbrecher. Keine Mörder, keine Raubmörder.

Vom Kampf um die Papiere, gegen die Papiere ist ein Ostjude nur dann befreit, wenn er den Kampf gegen die Gesellschaft mit verbrecherischen Mitteln führt. Der ostjüdische Verbrecher ist meist schon in seiner Heimat Verbrecher gewesen. Er kommt nach Deutschland ohne Papiere oder mit falschen. Er meldet sich nicht bei der Polizei.

Nur der ehrliche Ostjude – er ist nicht nur ehrlich, sondern auch furchtsam – meldet sich bei der Polizei. Das ist in Preußen weit schwieriger als in Österreich. Die Berliner Kriminalpolizei hat die Eigenschaft, in den Häusern nachzukontrollieren. Sie prüft auch auf der Straße Papiere. In der Inflation geschah es häufig.

Der Handel mit alten Kleidern ist nicht verboten, aber er ist auch nicht geduldet. Wer keinen Gewerbeschein besitzt, darf meine alte Hose nicht kaufen. Er darf sie auch nicht verkaufen.

Dennoch kauft er sie. Er verkauft sie auch. Er steht in der Joachimsthaler Straße oder Ecke Joachimsthaler Straße und Kurfürstendamm und tut so, als täte er gar nichts. Er muß den Passanten ansehen, ob sie erstens alte Kleider zu verkaufen haben und zweitens, ob sie Geld gebrauchen.

Die gekauften Kleider verkauft man am nächsten Morgen an der Kleiderbörse.

Auch unter den Hausierern gibt es Rangunterschiede. Es gibt reiche, mächtige Hausierer, zu denen die kleinen sehr demütig aufblicken. Je reicher ein Hausierer ist, desto mehr verdient er. Er geht nicht auf die Straße. Er hat es nicht nötig. Ja, ich weiß nicht einmal, ob ich ihn wirklich »Hausierer« nennen darf. Eigentlich hat er einen Laden mit alten Kleidern und einen Gewerbeschein. Und wenn es nicht sein eigener Gewerbeschein ist, so ist es der eines Eingesessenen, eines Berliner Bürgers, der nichts vom Kleiderhandel versteht, aber prozentual am Geschäft beteiligt ist.

In der Kleiderbörse versammeln sich am Vormittag die Ladeninhaber und die Hausierer. Diese bringen den Ertrag des vergangenen Tages, alle alten Röcke und Kleider. Im Frühling ist Hausse in Sommer- und Sportanzügen. Im Herbst ist Hausse in Cutaways, Smokings und gestreiften Hosen. Wer im Herbst mit Sommer- und Leinenanzügen kommt, versteht das Geschäft nicht.

Die Kleider, die der Hausierer den Passanten für ein lächerliches Geld abgekauft hat, verkauft er mit einem lächerlich geringen Aufschlag an den Ladeninhaber. Dieser läßt die Kleider bügeln, »auffrischen«, richten. Dann hängt er sie vor sein Ladenschild und läßt sie flattern im Wind.

Wer alte Kleider gut zu verkaufen versteht, wird bald neue Kleider verkaufen können. Er wird ein Magazin eröffnen, statt eines Ladens. Er wird einmal Warenhausbesitzer werden.

In Berlin kann auch ein Hausierer Karriere machen. Er wird sich schneller assimilieren als seine Standesgenossen in Wien. Berlin gleicht die Verschiedenen aus und ertötet Eigenheiten. Deshalb gibt es kein großes Berliner Getto.

Es gibt nur ein paar kleine Judenstraßen, in der Nähe der Warschauer Brücke und im Scheunenviertel. Die jüdischste aller Berliner Straßen ist die traurige Hirtenstraße.

2

So traurig ist keine Straße der Welt. Die Hirtenstraße hat nicht einmal die hoffnungslose Freudigkeit eines vegetativen Schmutzes.

Die Hirtenstraße ist eine Berliner Straße, gemildert durch ostjüdische Einwohner, aber nicht verändert. Keine Straßenbahn durchfährt sie. Kein Autobus. Selten ein Automobil. Immer Lastwagen, Karren, die Plebejer unter den Fahrzeugen. Kleine Gasthäuser stecken in den Mauern. Man geht auf Stufen zu ihnen empor. Auf schmalen, unsauberen, ausgetretenen Stufen. Sie gleichen dem Negativ ausgetretener Absätze. In offenen Hausfluren liegt Unrat. Auch gesammelter, eingekaufter Unrat. Unrat als Handelsobjekt. Altes Zeitungspapier. Zerrissene Strümpfe. Alleinstehende Sohlen. Schnürsenkel. Schürzenbänder. Die Hirtenstraße ist langweilig vororthaft. Sie hat nicht den Charakter einer Kleinstadtstraße. Sie ist neu, billig, schon verbraucht, Schundware. Eine Gasse aus einem Warenhaus. Aus einem billigen Warenhaus. Sie hat einige blinde Schaufenster. Jüdisches Gebäck, Mohnbeugel, Semmeln, schwarze Brote liegen in den Schaufenstern. Ein Ölkännchen, Fliegenpapier, schwitzendes.

Außerdem gibt es da jüdische Talmudschulen und Bethäuser. Man sieht hebräische Buchstaben. Sie stehen fremd an diesen Mauern. Man sieht hinter halbblinden Fenstern Bücherrücken.

Man sieht Juden mit dem Talles unterm Arm. Sie gehen aus dem Bethaus Geschäften entgegen. Man sieht kranke Kinder, alte Frauen.

Der Versuch, diese Berliner langweilige, so gut wie möglich saubergehaltene Straße in ein Getto umzuwandeln, ist immer wieder stark. Immer wieder ist Berlin stärker. Die Einwohner kämpfen einen vergeblichen Kampf. Sie wollen sich breitmachen? Berlin drückt sie zusammen.

3

Ich trete in eine der kleinen Schankwirtschaften. Im Hinterzimmer sitzen ein paar Gäste und warten auf das Mittagessen. Sie tragen die Hüte auf dem Kopf. Die Wirtin steht zwischen Küche und Gaststube. Hinter dem Ladentisch steht der Mann. Er hat einen Bart aus rotem Zwirn. Er ist furchtsam.

Wie sollte er nicht furchtsam sein? Kommt nicht die Polizei in diesen Laden? War sie nicht schon einige Male da? Der Schankwirt reicht mir auf jeden Fall die Hand. Und auf jeden Fall sagt er: »Oh, das ist ein Gast! Sie sind schon so lange nicht dagewesen?« Niemals schadet eine herzliche Begrüßung.

Man trinkt das Nationalgetränk der Juden: Met. Das ist der Alkohol, an dem sie sich berauschen können. Sie lieben den schweren, dunkelbraunen Met, er ist süß, herb und kräftig.

4

Manchmal kommt nach Berlin der »Tempel Salomonis«. Diesen Tempel hat ein Herr Frohmann aus Drohobycz getreu nach den genauen Angaben der Bibel hergestellt, aus Fichtenholz und Pappmaché und Goldfarbe. Keineswegs aus Zedernholz und echtem Gold wie der große König Salomo.

Frohmann behauptet, er hätte sieben Jahre an diesem Miniaturtempelchen gebaut. Ich glaube es. Einen Tempel wiederaufzubauen, genau nach den Angaben der Bibel, erfordert ebensoviel Zeit wie Liebe.

Man sieht jeden Vorhang, jeden Vorhof, jede kleinste Turmzacke, jedes heilige Gerät. Der Tempel steht auf einem Tisch im Hinterzimmer einer Schenke. Es riecht nach jüdischen zwiebelgefüllten Fischen. Sehr wenige Besucher kommen. Die Alten kennen den Tempel schon, und die Jungen wollen nach Palästina, nicht um Tempel, sondern um Landstraßen zu bauen.

Und Frohmann fährt von einem Getto zum andern, von Juden zu Juden und zeigt ihnen sein Kunstwerk, Frohmann, der Hüter der Tradition und des einzigen großen architektonischen Werkes, das die Juden jemals geschaffen haben und das sie infolgedessen niemals vergessen werden. Ich glaube, daß Frohmann der Ausdruck dieser Sehnsucht ist, der Sehnsucht eines ganzen Volkes. Ich habe einen alten Juden vor dem Miniaturtempel stehen gesehen. Er glich seinen Brüdern, die an der einzig übriggebliebenen, heiligen Mauer des zerstörten Tempels in Jerusalem stehen, weinen und beten.

5

Das Kabarett fand ich zufällig, während ich an einem hellen Abend durch die dunklen Straßen wanderte, durch die Fensterscheiben kleiner Bethäuser blickte, die nichts anderes waren als simple Verkaufsläden bei Tag und Gotteshäuser des Morgens und des Abends. So nahe sind den Juden des Ostens Erwerb und Himmel; sie brauchen für ihren Gottesdienst nichts als zehn erwachsene, das heißt über dreizehn Jahre alte Glaubensgenossen, einen Vorbeter und die Kenntnis der geographischen Lage, um zu wissen, wo Osten ist, der Misrach, die Gegend des Heiligen Landes, der Orient, aus dem das Licht kommen soll.

In dieser Gegend wird alles improvisiert: der Tempel durch die Zusammenkunft, der Handel durch das Stehenbleiben in der Straßenmitte. Es ist immer noch der Auszug aus Ägypten, der schon Jahrtausende anhält. Man muß immer auf dem Sprung sein, alles mit sich führen, das Brot und eine Zwiebel in der Tasche, in der anderen die Gebetriemen. Wer weiß, ob man in der nächsten Stunde nicht schon wieder wandern muß. Auch das Theater entsteht plötzlich.

Jenes, das ich sah, war im Hof eines schmutzigen und alten Gasthofes etabliert. Es war ein viereckiger Lichthof, Gänge und Korridore mit Glasfenstern klebten an seinen Wänden und enthüllten verschiedene Intimitäten der Häuslichkeit, Betten, Hemden und Eimer. Eine alte, verirrte Linde stand in der Mitte und repräsentierte die Natur. Durch ein paar erleuchtete Fenster sah man das Innere einer rituellen Gasthofküche. Der Dampf stieg aus den kochenden Töpfen, eine dicke Frau schwang einen Löffel, ihre fetten Arme waren halb entblößt. Unmittelbar vor den Fenstern und so, daß sie es zur Hälfte verdeckte, stand ein Podium, von dem aus man direkt in den Flur des Restaurants gelangen konnte. Vor dem Podium saß die Musik, eine Kapelle aus sechs Männern, von denen die Sage ging, daß sie Brüder sind und Söhne des großen Musikers Mendel aus Berdiczew, an den sich noch die ältesten Juden aus dem Osten erinnern können und dessen Geigenspiel so herrlich war, daß man es nicht vergessen kann, weder in Litauen noch in Wolynien, noch in Galizien.

Die Schauspielertruppe, die hier bald auftreten sollte, nannte sich »Truppe Surokin«. Surokin hieß ihr Direktor, Regisseur und Kassierer, ein dicker, glattrasierter Herr aus Kowno, der schon in Amerika gesungen hatte, Vorbeter und Tenor, Synagogen- und Opernheld, verwöhnt, stolz und herablassend, Unternehmer und Kamerad zu gleichen Teilen.

Das Publikum saß an kleinen Tischen, aß Brot und Wurst und trank Bier, holte sich Speise und Trank selbst aus dem Restaurant, unterhielt sich, schrie, lachte. Es bestand aus kleinen Kaufleuten und deren Familien, nicht mehr orthodox, sondern »aufgeklärt«, wie man im Osten Juden nennt, die sich rasieren lassen (wenn auch nur einmal wöchentlich) und europäische Kleidung tragen. Diese Juden befolgen die religiösen Bräuche mehr aus Pietät als aus religiösem Bedürfnis: sie denken an Gott nur, wenn sie ihn brauchen, und es ist ihr Glück, daß sie ihn ziemlich oft brauchen. Unter ihnen finden sich Zyniker und Abergläubische, aber alle werden in bestimmten Situationen sentimental und in ihrer Gerührtheit rührend. Sie sind in Dingen des Geschäfts rücksichtslos gegeneinander und gegen Fremde – und doch braucht man nur an eine bestimmte verborgene Saite zu rühren, um sie opferwillig, gütig und human zu machen. Ja, sie können weinen, besonders in einem solchen Freilufttheater, wie es dieses war.

Die Truppe bestand aus zwei Frauen und drei Männern – und bei dem Versuch zu schildern, wie und was sie auf dem Podium aufgeführt haben, stocke ich. Das ganze Programm war improvisiert. Zuerst trat ein dünner, kleiner Mann auf, in seinem Gesicht saß die Nase wie ein Fremdes, sehr Verwundertes; es war eine impertinente, zudringlich fragende und dennoch rührende, lächerliche Nase, eher slawisch als jüdisch, breite Flügel mit einem unvermutet spitzen Ende. Der Mann mit dieser Nase spielte einen Batlen, einen närrisch-weisen Spaßmacher, er sang alte Lieder und verulkte sie, indem er ihnen überraschende komische, widersinnige Pointen anhängte. Dann sangen beide Frauen ein altes Lied, ein Schauspieler erzählte eine humoristische Geschichte von Scholem Alechem, und zum Schluß rezitierte der Herr Direktor Surokin moderne hebräische und jiddische Gedichte lebender und jüngst verstorbener jüdischer Autoren; er sprach die hebräischen Verse und gleich darauf ihre jüdische Übersetzung, und manchmal begann er, zwei, drei Strophen leise zu singen, als sänge er so für sich, in seinem

Zimmer, und es wurde totenstill, und die kleinen Kaufleute hatten große Augen und stützten das Kinn auf die Faust, und man hörte das Rauschen der Linde.

Ich weiß nicht, ob Sie alle die jüdischen Melodien des Ostens kennen, und ich will versuchen, Ihnen eine Vorstellung von dieser Musik zu geben. Ich glaube, sie am deutlichsten gekennzeichnet zu haben, wenn ich sie bezeichne als eine Mischung von Rußland und Jerusalem, von Volkslied und Psalm. Diese Musik ist synagogal-pathetisch und volkstümlich naiv. Der Text scheint, wenn er nur gelesen wird, eine heitere, flotte Musik zu erfordern. Hört man ihn aber gesungen, so ist es ein schmerzliches Lied, das »unter Tränen lächelt«. Hat man es einmal gehört, so klingt es wochenlang nach, der Gegensatz war ein scheinbarer, in Wirklichkeit *kann* dieser Text in keiner anderen Melodie gesungen werden. Er lautet:

> Ynter die griene Beimelach
> sizzen die Mojschelach, Schlojmelach,
> Eugen wie gliehende Keulalach . . .
> (Augen wie glühende Kohlen)

Sie sitzen! Sie tummeln sich nicht etwa unter den grünen Bäumen. Tummelten sie sich – dann wäre der Rhythmus dieser Zeilen so flott, wie er es auf den ersten Blick zu sein scheint. Aber sie tummeln sich nicht, die kleinen Judenknaben.

Ich hörte das alte Lied, das Jerusalem, die Stadt singt, so wehmütig, daß ihr Schmerz über ganz Europa weit hinein nach dem Osten weht, über Spanien, Deutschland, Frankreich, Holland, den ganzen bitteren Weg der Juden entlang. Jerusalem singt:

> Kim, kim, Jisruleki l aheim (nach Hause)
> in dein teures Land arain . . .

Diesen Sang verstanden alle Kaufleute. Die kleinen Menschen tranken kein Bier und aßen keine Würste mehr. So wurden sie präpariert für die schöne ernste, sogar schwierige und manchmal abstrakte Poesie des großen hebräischen Dichters Bialik, dessen Lieder in fast alle Kultursprachen übersetzt sind und von dem eine Wiederbelebung der hebräischen Schriftsprache ausgegangen sein soll, die sie endgültig zu einer lebendigen macht. Dieser Dichter hat den Zorn alter Propheten und die süße Stimme eines jubelnden Kindes.

PARIS

I

Die Ostjuden haben nicht leicht den Weg nach Paris gefunden. Sie kamen viel leichter nach Brüssel und Amsterdam. Der direkte Weg des jüdischen Juwelenhandels führt nach Amsterdam. Einige arm gewordene und einige reich werdende jüdische Juwelenhändler bleiben aus Zwang im französischen Sprachgebiet.

Der kleine Ostjude hat eine übertriebene Furcht vor einer *ganz* fremden Sprache. Deutsch ist beinahe seine Muttersprache. Er wandert viel lieber nach Deutschland als nach Frankreich. Der Ostjude lernt leicht fremde Sprachen verstehen, aber seine Aussprache wird niemals rein. Er wird immer erkannt. Es ist sein gesunder Instinkt, der ihn vor den romanischen Ländern warnt.

Auch gesunde Instinkte irren. Die Ostjuden leben in Paris fast wie Gott in Frankreich. Niemand hindert sie hier, Geschäfte und sogar Gettos aufzumachen. Es gibt einige jüdische Viertel in Paris, in der Nähe des Montmartre und in der Nähe der Bastille. Es sind die ältesten Pariser Stadtteile. Es sind die ältesten Pariser Häuser mit der billigsten Miete. Juden geben nicht gerne Geld für »unnützen« Komfort aus, solange sie nicht sehr reich sind.

Sie haben es schon aus äußeren Gründen in Paris leicht. Ihre Physiognomie verrät sie nicht. Ihre Lebhaftigkeit fällt nicht auf. Ihr Witz begegnet dem französischen auf halbem Weg. Paris ist eine wirkliche Weltstadt. Wien ist einmal eine gewesen. Berlin wird erst einmal eine sein. Die wirkliche Weltstadt ist objektiv. Sie hat Vorurteile wie die andern, aber keine Zeit, sie anzuwenden. Im Wiener Prater gibt es beinah keine antisemitische Äußerung, obwohl nicht alle Besucher Judenfreunde sind und obwohl neben ihnen, zwischen ihnen die östlichsten der Ostjuden wandeln. Weshalb? Weil man sich im Prater freut. In der Taborstraße, die zum Prater führt, fängt der Antisemit an, antisemitisch zu sein. In der Taborstraße freut man sich nicht mehr.

In Berlin freut man sich nicht. Aber in Paris herrscht die Freude. In Paris beschränkt sich der grobe Antisemitismus auf die freudlosen Franzosen. Das sind die Royalisten, die Gruppe um die *Action française*. Es wundert mich nicht, daß sie in Frankreich ohnmächtig sind und immer bleiben werden. Sie sind zu wenig französisch. Sie sind zu pathetisch und zu wenig ironisch.

Paris ist sachlich, obwohl Sachlichkeit eine deutsche Tugend sein mag. Paris ist demokratisch. Der Deutsche ist menschlich. Aber in Paris hat die praktische Humanität eine große, starke Tradition. In Paris erst fangen die Ostjuden an, Westeuropäer zu werden. Sie werden Franzosen. Sie werden sogar Patrioten.

2

Der bittere Lebenskampf der Ostjuden, der gegen »die Papiere«, wird in Paris gemildert. Die Polizei ist von einer humanen Nachlässigkeit. Sie ist zugänglicher der Individualität und dem Persönlichen. Die deutsche Polizei hat Kategorien. Die Pariser Polizei läßt sich leicht überreden. In Paris kann man sich anmelden, ohne viermal zurückgeschickt zu werden.

Die Pariser Ostjuden dürfen leben, wie sie wollen. Sie können ihre Kinder in rein jüdische Schulen schicken oder in französische. Die in Paris geborenen Kinder der Ostjuden können französische Staatsbürger werden. Frankreich braucht Menschen. Ja, es ist geradezu seine Aufgabe, schwach bevölkert zu sein und immer wieder Menschen zu brauchen, Fremde französisch zu machen. Es ist seine Stärke und seine Schwäche.

Freilich lebt ein französischer Antisemitismus auch in den Nicht-Royalisten. Aber kein hundertgrädiger. Die an einen viel stärkeren, rüderen, brutaleren Antisemitismus gewohnten Ostjuden geben sich mit dem französischen zufrieden.

Sie dürfen sich zufriedengeben. Sie haben religiöse, kulturelle, nationale Freiheiten. Sie dürfen Jiddisch reden, soviel und so laut sie wollen. Sie dürfen sogar schlecht Französisch sprechen, ohne daß man sie verdächtigt. Die Folge dieses Entgegenkommens ist, daß sie Französisch lernen, daß ihre Kinder kein Jiddisch mehr sprechen. Sie verstehen es gerade noch. Es hat mich belustigt, in den Straßen des Pariser Judenviertels die Eltern Jiddisch, die Kinder Französisch sprechen zu hören. Auf jiddische Fragen erfolgen französische Antworten. Diese Kinder sind begabt. Sie werden es in Frankreich zu etwas bringen, wenn Gott will. Und Gott will es, wie mir scheint.

Die Berliner jüdischen Schenken in der Hirtenstraße sind traurig, kühl und still. Die Pariser jüdischen Gasthäuser sind lustig, warm und laut. Sie machen alle gute Geschäfte. Ich habe manchmal bei Herrn Weingrod gegessen. Er führt ausgezeichnete Bratgänse. Er braut einen guten, starken Schnaps. Er amüsiert die Gäste. Er sagt zu seiner Frau: »Gib mir das Soll und Haben, s'il vous plaît.« Und die Frau sagt: »Nehmen Sie sich vom Büfett si vous voulez!« Sie sprechen ein wirklich heiteres Kauderwelsch.

Ich habe Herrn Weingrod gefragt: »Wie sind Sie nach Paris gekommen?« Da sagt Herr Weingrod: »Excusez, monsieur, pourquoi nicht nach Paris? Aus Rußland schmeißt man mich hinaus, in Polen sperrt man mich ein, nach Deutschland gibt man mir kein Visum. Pourquoi soll ich nicht kommen nach Paris?«

Herr Weingrod ist ein tapferer Mann, er hat ein Bein verloren, er hat eine Prothese und ist immer guter Laune. Er hat sich in Frankreich freiwillig zum Kriegsdienst gemeldet. Viele Ostjuden haben freiwillig und aus Dankbarkeit im französischen Heer gedient. Aber das Bein hat Weingrod nicht im Krieg verloren. Er kam gesund zurück, mit heilen Knochen. Da sieht man, wie das Schicksal lauert, wenn es will. Weingrod verläßt den Laden, will über die Straßenmitte. Niemals, einmal in der Woche vielleicht, fährt ein Auto durch diese Gasse. Gerade jetzt kommt es, da Weingrod hinüberwill. Fährt ihn nieder. So verlor er ein Bein.

3

Ich habe ein jiddisches Theater in Paris besucht. In der Garderobe wurden Kinderwagen abgegeben. Regenschirme nahm man in den Saal. Im Parkett saßen Mütter mit Säuglingen. Die Stuhlreihen waren lose, man konnte die Sessel herausnehmen. An den Seitenwänden lustwandelten Zuschauer. Der eine verließ seinen Platz, der andere setzte sich. Man aß Orangen. Es spritzte und roch. Man sprach laut, sang mit, klatschte den Darstellern auf offener Szene. Die jungen jüdischen Frauen sprachen nur Französisch. Sie waren pariserisch elegant. Sie waren schön. Sie sahen aus wie Frauen aus Marseille. Sie sind pariserisch begabt. Sie sind kokett und kühl. Sie sind leicht und sachlich. Sie sind treu wie die Pariserinnen. Die Assimilation eines Volkes beginnt immer bei den Frauen. Man gab einen Schwank in drei Akten. Im ersten Akt will die jüdische Familie eines kleinen russischen Dorfes auswandern. Im zweiten kriegt sie die Pässe. Im dritten ist die Familie in Amerika, reich geworden und protzig, und im Begriff, ihre alte Heimat zu vergessen und die alten Freunde aus der Heimat, die nach Amerika kommen. Dieses Stück gibt reichlich Gelegenheit, amerikanische Schlager zu singen und alte russisch-jiddische Lieder. Als die russischen Lieder und Tänze kamen, weinten die Darsteller und die Zuschauer. Hätten nur jene geweint, es wäre kitschig gewesen. Aber als diese weinten, wurde es schmerzlich. Juden sind leicht gerührt – das wußte ich. Aber ich wußte nicht, daß ein Heimweh sie rühren könnte.

Es war eine so innige, beinahe private Beziehung von der Bühne zum Zuschauer. Für dieses Volk Schauspieler sein ist schön. Der Regisseur trat vor und kündigte die nächsten Programmwechsel an. Nicht durch die Zeitung, nicht durch Plakate. Mündlich. Von Mensch zu Mensch. Er sprach: »Ihr werdet Mittwoch den Herrn X. aus Amerika sehen.« Er sprach wie ein Führer zu seinen Getreuen. Er sprach unmittelbar und witzig. Seinen Witz verstand man. Ahnte beinahe voraus. Er witterte die Pointe.

4

Ich sprach in Frankreich mit einem jüdischen Artisten aus Radziwillow, dem alten russisch-österreichischen Grenzort. Er war ein musikalischer Clown und verdiente viel. Er war ein Clown aus Überzeugung und nicht von Geburt. Er entstammte einer Musikantenfamilie. Sein Urgroßvater, sein Großvater, sein Vater, seine Brüder waren jüdische Hochzeitsmusikanten. Er, der einzige, konnte seine Heimat verlassen und im Westen Musik studieren. Ein reicher Jude unterstützte ihn. Er kam in eine Musikhochschule in Wien. Er komponierte. Er gab Konzerte. »Aber«, sagte er, »was soll ein Jude der Welt ernste Musik machen? Ich bin immer ein Clown in dieser Welt, auch wenn man ernste Referate über mich bringt und Herren von den Zeitungen mit Brillen in den ersten Reihen sitzen. Soll ich Beethoven spielen? Soll ich Kol Nidre spielen? Eines Abends, als ich auf der Bühne stand, begann ich, mich vor Lachen zu schütteln. Was machte ich der Welt vor, ich, ein Musikant aus Radziwillow? Soll ich nach Radziwillow zurückkehren und bei jüdischen Hochzeiten aufspielen? Werde ich dort nicht noch lächerlicher sein?

An jenem Abend sah ich ein, daß mir nichts anderes übrigblieb, als in den Zirkus zu gehen, nicht, um ein Herrenreiter zu sein oder ein Seiltänzer! Das ist nichts für Juden. Ich bin ein Clown. Und seit meinem ersten Auftreten im Zirkus ist es mir ganz klar, daß ich die Tradition meiner Väter gar nicht verleugnet habe und daß ich bin, was sie hätten sein sollen. Zwar würden sie erschrecken, wenn sie mich sehen würden. Ich spiele Zieh- und Mundharmonika und Saxophon, und es freut mich, daß die Leute gar nicht wissen, daß ich Beethoven spielen kann.

Ich bin ein Jud aus Radziwillow.

Ich habe Frankreich gern. Für alle Artisten ist die Welt vielleicht überall gleich. Aber für mich nicht. Ich gehe in jeder großen Stadt Juden aus Radziwillow suchen. In jeder großen Stadt treff' ich zwei oder drei. Wir reden miteinander. In Paris leben auch einige. Sind sie nicht aus Radziwillow, so sind sie aus Dubno. Und sind sie nicht aus Dubno, so sind sie aus Kischinew. Und in Paris geht es ihnen gut. Es geht ihnen gut. Es können doch nicht alle Juden beim Zirkus sein? Wenn sie nicht beim Zirkus sind, müssen sie mit allen fremden und gleichgültigen Menschen gut sein, und mit niemandem dürfen sie es sich verderben. Ich brauche nur in der Artistenliga eingeschrieben zu sein. Das ist ein großer Vorteil. In Paris leben die Juden frei. Ich bin ein Patriot, ich hab' ein jüdisches Herz.«

5

In dem großen Hafen Marseille kommen jährlich ein paar Juden aus dem Osten an. Sie wollen ein Schiff besteigen. Oder sie kommen gerade von Bord. Sie haben irgendwo hinfahren wollen. Das Geld ist ihnen ausgegangen. Sie mußten an Land gehen. Sie schleppen alles Gepäck zum Postamt, geben ein Telegramm auf und warten auf Antwort. Aber Telegramme werden nicht schnell beantwortet, und solche überhaupt nicht, in denen um Geld gebeten wird. Ganze Familien nächtigen unter freiem Himmel.

Manche, einzelne bleiben in Marseille. Sie werden Dolmetscher. Dolmetscher sein ist ein jüdischer Beruf. Es handelt sich nicht darum, zu übersetzen, ins Französische aus dem Englischen, ins Französische aus dem Russischen, ins Französische aus dem Deutschen. Es handelt sich darum, den Fremden zu übersetzen, auch, wenn er nichts gesprochen hat. Er braucht den Mund nicht aufzumachen. Christliche Dolmetscher übersetzen vielleicht. Jüdische erraten.

Sie verdienen Geld. Sie führen die Fremden in gute Wirtsstuben, aber auch auf die Dörfer. Die Dolmetscher beteiligen sich am Geschäft. Sie verdienen Geld. Sie gehen zum Hafen, besteigen ein Schiff und fahren nach Südamerika. Nach den Vereinigten Staaten kommen die Ostjuden schwer. Die erlaubte Zahl ist längst und oft überschritten.

6

Einige ostjüdische Studenten sind nach Italien gefahren. Die italienische Regierung – sie hat manches gutzumachen – verleiht Stipendien jüdischen Studenten.

Viele Ostjuden haben sich nach dem Zerfall der Monarchie in das neuerstandene Südslawien begeben.

Aus Ungarn werden Ostjuden prinzipiell ausgewiesen. Kein ungarischer Jude wird sich ihrer annehmen. Die Mehrzahl der ungarischen Juden sind – trotz Horthy – nationalmagyarisch. Es gibt ungarische nationalistische Rabbiner.

7

Wohin können die Ostjuden sonst fahren?

Nach Spanien kommen sie nicht. Es ruht ein Bannfluch der Rabbis auf Spanien, seitdem die Juden dieses Land hatten verlassen müssen. Auch die Nichtfrommen, »die Aufgeklärten«, hüten sich, nach Spanien zu fahren. Erst in diesem Jahr erlischt der Bannfluch.

Von einigen ostjüdischen Studenten hörte ich, daß sie nach Spanien fahren wollten. Sie werden gut daran tun, die polnischen Universitäten, auf denen der Numerus clausus herrscht, die Wiener Universität, auf der außer dem Numerus clausus auch noch die Borniertheit herrscht, und die deutschen Universitäten, an denen der Bierkrug herrscht, zu verlassen.

8

Es wird noch einige Jahre dauern. Dann werden Ostjuden nach Spanien kommen. Alte Legenden, die man sich im Osten erzählt, knüpfen an den langen Aufenthalt der Juden in Spanien an. Es ist manchmal wie eine stille Sehnsucht, ein verdrängtes Heimweh nach diesem Lande, das so stark an die Urheimat, an Palästina, erinnert.

Man kann sich freilich keinen stärkeren Gegensatz denken als den zwischen Ostjuden und spaniolischen. Die spaniolischen Juden verachten die Aschkenasim im allgemeinen, die Ostjuden im besonderen. Die spaniolischen Juden sind stolz auf ihre alte adelige Rasse. Mischehen zwischen Spaniolen und Aschkenasim kommen selten, zwischen Spaniolen und Ostjuden fast niemals vor.

9

Nach einer alten Legende sind einmal zwei Ostjuden durch die Welt gezogen, um Geld zum Bau einer Synagoge zu sammeln. Sie kamen zu Fuß durch Deutschland, sie kamen an den Rhein, gingen nach Frankreich und begaben sich in die alte jüdische Gemeinde Frankreichs, nach Montpellier. Von hier zogen sie ostwärts, ohne Karte, ohne die Wege zu kennen, und verirrten sich. Sie gelangten in einer finstern Nacht in das lebensgefährliche Spanien, wo sie getötet worden wären, wenn sich nicht ihrer die frommen Mönche eines spanischen Klosters angenommen hätten. Die Mönche luden die jüdischen Wanderer zu einem Disput ein, waren über die Gelehrtheit der Juden sehr erfreut, brachten sie sicher über die Grenze zurück und gaben ihnen noch einen Klumpen Gold, zum Bau der Synagoge. Beim Abschied mußten die Juden schwören, das Gold wirklich zum Bau der Synagoge zu verwenden.

Die Juden schworen. Aber die Sitte (wenn auch nicht das Gesetz) verbot ihnen, das Gold, das aus dem Besitz eines Klosters, wenn auch eines freundlichen, kam, für das Heiligtum zu benutzen. Sie überlegten lange und kamen endlich auf die Idee, aus dem Goldklumpen eine Kugel zu formen und sie auf dem Dach der Synagoge als eine Art Wahrzeichen anzubringen.

Diese goldene Kugel leuchtet noch auf dem Dach der Synagoge. Und sie ist das einzige, das die Juden des Ostens noch mit ihrer alten spanischen Heimat verbindet.

Diese Geschichte erzählte mir ein alter Jude. Er war Thoraschreiber von Beruf, ein Sophar, ein frommer und ein weiser und ein armer Mann. Er war ein Gegner der Zionisten.

»Jetzt«, sagte er, »wird der Cherem (der Bannfluch) gegen Spanien erlöschen. Ich habe nichts dagegen, daß meine Enkel nach Spanien gehen. Es ist den Juden nicht immer dort schlecht gegangen. Es gab fromme Menschen in Spanien, und wo fromme Christen sind, können auch Juden leben. Denn die Gottesfurcht ist immer noch sicherer als die sogenannte moderne Humanität.«

Er wußte nicht, der Alte, daß die Humanität nicht mehr modern ist. Er war nur ein armer Thoraschreiber.

I

Immer noch und obwohl die erlaubte Zahl für die östlichen Einwanderer schon einigemal überschritten war und obwohl die amerikanischen Konsulate so viele Papiere verlangen wie kein Konsulat der Welt, immer noch wandern viele Ostjuden nach Amerika aus.

Amerika ist die Ferne. Amerika heißt die Freiheit. In Amerika lebt immer irgendein Verwandter.

Es ist schwer, eine jüdische Familie im Osten zu finden, die nicht irgendeinen Vetter, irgendeinen Onkel in Amerika besitzen würde. Vor zwanzig Jahren ist einmal einer ausgewandert. Er floh vor dem Militär. Oder er desertierte, nachdem er assentiert worden war.

Wenn die Ostjuden nicht soviel Angst hätten, sie könnten sich mit Recht rühmen, das militärfeindlichste Volk der Welt zu sein. Sie waren lange Zeit von ihren Vaterländern, Rußland und Österreich, nicht würdig befunden worden, Militärdienst zu leisten. Erst als die staatsbürgerliche Gleichberechtigung der Juden kam, mußten sie einrücken. Es war eigentlich eine Gleichverpflichtung, keine Gleichberechtigung. Denn hatten bis dahin nur die Zivilbehörden die Juden schikaniert, so waren sie nun auch den Schikanen der Militärbehörden ausgeliefert. Die Juden trugen den Schimpf, nicht dienen zu müssen, mit großer Freude. Als man ihnen die große Ehre, kämpfen, exerzieren und fallen zu dürfen, verkündete, herrschte unter ihnen Trauer. Wer sich dem 20. Lebensjahr näherte und so gesund war, daß er annehmen mußte, man würde ihn assentieren, floh nach Amerika. Wer kein Geld hatte, verstümmelte sich. Die Selbstverstümmelung grassierte ein paar Jahrzehnte vor dem Krieg unter den Juden des Ostens. Die so große Furcht vor dem Soldatenleben hatten, ließen sich einen Finger abhacken, die Sehnen an den Füßen durchschneiden und Gifte in die Augen schütten. Sie wurden heldenhafte Krüppel, blind, lahm, krumm, sie unterwarfen sich dem langwierigsten, häßlichsten Leid. Sie wollten nicht dienen. Sie wollten nicht in den Krieg ziehen und fallen. Ihre Vernunft war immer wach und rechnete. Ihre helle Vernunft berechnete, daß es immer noch nützlicher ist, lahm zu leben als gesund zu sterben. Ihre Frömmigkeit unterstützte die Überlegung. Es war nicht nur dumm, für einen Kaiser, für einen Zaren zu sterben, es war auch eine Sünde, fern von der Thora und entgegen ihren Geboten zu leben. Eine Sünde, Schweinefleisch zu essen. Am Sabbat eine Waffe zu tragen. Zu exerzieren. Gegen einen unschuldigen, fremden Menschen die Hand, geschweige denn das Schwert zu erheben. Die Ostjuden waren die heldenmütigsten Pazifisten. Sie litten für den Pazifismus. Sie machten sich freiwillig zu Krüppeln. Noch hat niemand das Heldenlied von diesen Juden gedichtet.

»Die Kommission kommt!« Es war ein Schreckensruf. Gemeint war die militärärztliche Musterungskommission, die alle kleinen Städte bereiste, um Soldaten auszuheben. Wochen vorher begann das »Plagen«. Die jungen Juden plagten sich, um schwach zu werden, um Herzfehler zu bekommen. Sie schliefen nicht, sie rauchten, sie wanderten, sie liefen, sie wurden ausschweifend zu frommen Zwecken.

Auf jeden Fall aber bestach man noch die Militärärzte. Die Vermittler waren höhere Beamte und ehemalige Militärärzte, die wegen dunkler Affären den Dienst hatten quittieren müssen. Ganze Scharen von Militärärzten wurden reich, verließen das Heer und eröffneten eine Privatpraxis, die zum Teil darin bestand, Bestechungen zu vermitteln.

Wer Geld besaß, überlegte sich, ob er es mit einer Bestechung oder einer Flucht nach Amerika versuchen sollte. Die Mutigsten gingen nach Amerika. Nie mehr durften sie zurück. Sie verzichteten. Sie verzichteten schweren Herzens auf die Familie und leichten Herzens auf das Vaterland.

Sie gingen nach Amerika.

2

Das sind heute die sagenhaften Vettern der Ostjuden. Die früheren Deserteure sind drüben reiche, zumindest wohlhabende Kaufleute. Der alte jüdische Gott war mit ihnen. Er belohnte ihre Militärfeindschaft.

Dieser Vetter in Amerika ist die letzte Hoffnung jeder ostjüdischen Familie. Er hat schon lange nicht geschrieben, dieser Vetter. Man weiß nur, daß er sich verheiratet und Kinder gezeugt hat. Irgendein altes, vergilbtes Bild hängt an der Wand. Vor zwanzig Jahren kam es an. Zehn Dollar lagen dabei. Man hat lange nichts mehr von ihm gehört. Dennoch zweifelt die Familie in Dubno nicht, daß man ihn in New York oder Chikago finden wird. Freilich heißt er nicht mehr so jüdisch, wie er zu Hause genannt worden war. Er spricht Englisch, er ist amerikanischer Staatsbürger, seine Anzüge sind bequem, seine Hosen sind weit, seine Röcke haben breite Schultern. Man wird ihn doch erkennen. Der Besuch wird ihm vielleicht nicht angenehm sein. Hinauswerfen wird er seine Verwandten sicherlich nicht.

Und während man so seiner gedenkt, kommt eines Tages der Briefträger mit einem dicken Einschreibebrief. Dieser Brief enthält Dollars, Anfragen, Wünsche und Grüße und verspricht »bald eine Schiffskarte«.

Von diesem Augenblick an »fährt man nach Amerika«. Die Jahreszeiten wechseln, die Monate reihen sich aneinander, das Jahr verrollt, man hört nichts von einer Schiffskarte, aber »man fährt nach Amerika«. Die ganze Stadt weiß es, die umliegenden Dörfer wissen es und die benachbarten kleinen Städte.

Ein Fremder kommt und fragt: »Was macht Jizchok Meier?« »Er fährt nach Amerika«, erwidern die Einheimischen; indessen Jizchok Meier noch heute und morgen, wie gestern und vorgestern, seinen Geschäften nachgeht und scheinbar sich nichts in seinem Haus verändert.

In Wirklichkeit verändert sich viel. Er stellt sich nämlich um. Er rüstet innerlich für Amerika. Er weiß schon genau, was er mitnehmen und was er behalten wird, was er zurücklassen und was er verkaufen wird. Er weiß schon, was mit dem Viertelhaus, das auf seinen Namen intabuliert ist, geschieht. Er hat einmal ein Viertelhaus geerbt. Die andern drei Viertel besaßen drei Verwandte. Die sind gestorben oder ausgewandert. Die drei Viertel gehören jetzt einem Fremden. Diesem könnte man noch das letzte Viertel abtreten. Allein er zahlt nicht viel. Wer also sonst in aller Welt kauft ein Viertel von einem Haus? Man wird also, wenn es »hypothekenfrei« ist, noch möglichst viel Schulden aufzunehmen trachten. Das gelingt nach einiger Zeit. Man hat Bargeld oder Wechsel, die so gut sind wie Bargeld.

Der Jude, der nach Amerika will, lernt nicht etwa Englisch. Wie er im fremden Land zurechtkommen wird, weiß er schon. Er spricht Jiddisch, die am weitesten verbreitete, geographisch, nicht zahlenmäßig verbreitete Sprache. Er wird sich verständigen. Er braucht nicht Englisch zu verstehen. Die seit 30 Jahren im Judenviertel von New York ansässigen Juden sprechen auch noch Jiddisch und können ihre eigenen Enkel nicht mehr verstehen.

Die Sprache des fremden Landes also kann er schon. Es ist seine Muttersprache. Auch Geld hat er. Ihm fehlt nur noch der Mut.

Er fürchtet nicht Amerika, er fürchtet den Ozean. Er ist gewohnt, durch weite Länder zu wandern, aber nicht über Meere. Einmal, als seine Vorfahren ein Meer zu überqueren hatten, geschah ein Wunder, und die Wasser teilten sich. Wenn er durch den Ozean von seiner Heimat getrennt ist, so trennt ihn eine Ewigkeit von ihr. Vor Schiffen hat der Ostjude Angst. Dem Schiff traut er auch nicht. Seit Jahrhunderten lebt der Ostjude im Binnenland. Er fürchtet die Steppe nicht, nicht die Grenzenlosigkeit des Flachlandes. Er fürchtet die Desorientierung. Er ist gewohnt, dreimal im Tag sich gegen Misrach, den Osten, zu wenden. Das ist mehr als eine religiöse Vorschrift. Das ist die tiefgefühlte Notwendigkeit, zu wissen, wo man sich befindet. Seinen Standpunkt zu kennen. Von der Sicherheit des geographischen Standpunktes aus kann man seinen Weg am besten finden und Gottes Wege am besten erkennen. Man weiß ungefähr, wo Palästina liegt.

Auf dem Meer aber weiß man nicht, wo Gott wohnt. Man erkennt nicht, wo der Misrach liegt. Man kennt seine Stellung zur Welt nicht. Man ist nicht frei. Man ist abhängig vom Kurs, den das Schiff genommen hat. Wer so tief das Bewußtsein im Blut hat wie der Ostjude, daß es jeden Augenblick gelten kann zu fliehen, fühlt sich auf dem Schiff nicht frei. Wohin kann er sich retten, wenn etwas geschieht? Seit Jahrtausenden rettet er sich. Seit Jahrtausenden geschieht immer etwas Drohendes. Seit Jahrtausenden flieht er immer. Was geschehen kann? – Wer weiß es? Können nicht auch auf einem Schiff Pogrome ausbrechen? Wohin dann?

Wenn einen Passagier auf dem Schiff der Tod überrascht, wo begräbt man den Toten? Man versenkt die Leiche ins Wasser. Die alte Legende aber von der Ankunft des Messias beschreibt genau die Wiederauferstehung der Toten. Alle Juden, die in fremder Erde begraben sind, werden unterirdisch rollen müssen, bis sie in Palästina angelangt sind. Glücklich diejenigen, die schon in Palästina begraben werden. Sie ersparen sich die weite und mühevolle Reise. Die unaufhörliche, meilenlange Drehung. Werden aber auch die Toten erwachen, die ins Wasser versenkt worden sind? Gibt es Land unter dem Wasser? Welch seltsame Geschöpfe wohnen dort unten? Eine jüdische Leiche darf nicht seziert werden, ganz, unversehrt muß der Mensch dem Staub wieder übergeben werden. Fressen die Haifische nicht die Wasserleichen?

Außerdem ist die versprochene Schiffskarte noch nicht da. Sie muß freilich kommen. Aber sie allein genügt ja auch noch nicht. Man muß die Einreisebewilligung haben. Die bekommt man ohne Papiere nicht. Wo sind die Papiere?

Und nun beginnt der letzte, erschütterndste Kampf gegen die Papiere, um die Papiere. Ist dieser Kampf siegreich, dann braucht man nichts mehr. Drüben in Amerika kriegt jeder sofort einen neuen Namen und ein neues Papier.

Man wundere sich nicht über die Pietätlosigkeit der Juden gegen ihre Namen. Mit einer Leichtfertigkeit, die überraschend wirkt, wechseln sie ihre Namen, die Namen ihrer Väter, deren Klang doch immerhin für europäische Gemüter irgendeinen Gefühlswert hat.
Für die Juden hat der Name deshalb keinen Wert, weil er gar nicht ihr Name ist. Juden, Ostjuden, haben keine Namen. Sie tragen aufgezwungenen Pseudonyme. Ihr wirklicher Name ist der, mit dem sie am Sabbat und an Feiertagen zur Thora aufgerufen werden: ihr jüdischer Vorname und der jüdische Vorname ihres Vaters. Die Familiennamen aber von Goldenberg bis zu Hescheles sind aufoktroyierte Namen. Die Regierungen haben den Juden befohlen, Namen anzunehmen. Sind es ihre eigenen? Wenn einer Nachman heißt und seinen Vornamen in ein europäisches Norbert verändert, ist nicht Norbert die Verkleidung, das Pseudonym? Ist es etwa mehr als Mimikry? Empfindet das Chamäleon Pietät gegenüber den Farben, die es fortwährend wechseln muß? Der Jude schreibt in Amerika Greenboom statt Grünbaum. Er trauert nicht um die veränderten Vokale.

3

Leider ist er noch immer nicht soweit, sich nennen zu können wie er will. Noch ist er in Polen, in Litauen. Noch mußte er Papiere haben, die seine Geburt, seine Existenz, seine Identität beweisen.
Und er fängt an, die Wege zu wandern, die genauso unübersichtlich, verworren, ziellos und tragisch, lächerlich im kleinen sind, wie einst die Wege seiner Väter im großen waren. Man schickt ihn nicht von Pontius zu Pilatus, man schickt ihn vom Vorzimmer des Pontius zum geschlossenen Tor des Pilatus. Überhaupt sind alle Staatstüren verschlossen. Nur mit Kanzleisekretären sperrt man sie auf. Wenn aber überhaupt jemand am Zurückschicken seine Freude haben kann, so sind es die Kanzleisekretäre.
Man kann sie bestechen? Als ob eine Bestechung leicht wäre! Weiß man, ob eine Bestechung nicht einen großartigen Prozeß einträgt und mit Gefängnis endet? Man weiß nur, daß alle Beamten bestechlich sind. Ja, alle

Menschen sind bestechlich. Die Bestechlichkeit ist eine Tugend der menschlichen Natur. Aber wann und ob einer seine Bestechlichkeit eingesteht, kann man nie wissen. Man kann nicht wissen, ob der Beamte, der schon zehnmal Geld genommen hat, beim elftenmal die Anzeige erstattet, einfach, um zu beweisen, daß er zehnmal nichts genommen hat, und um noch weitere hundertmal nehmen zu können.

Glücklicherweise gibt es fast überall Leute, die ganz genau um die Seele des Beamten Bescheid wissen und die davon leben. Auch diese Kenner sind Juden. Aber weil sie so selten vorkommen und vereinzelt in jeder Stadt und weil sie die Fähigkeit haben, mit den Beamten in der Landessprache zu trinken, sind diese Juden beinahe selbst schon Beamte, und sie selbst muß man zuerst bestechen, um überhaupt erst einmal bestechen zu können.
Aber auch die vollendete Bestechung erspart keine Demütigungen und keine unnützen Wege. Man erträgt Demütigungen und wandert nutzlose Wege.
Dann hat man die Papiere.

4

Wenn also alles klappt, macht Amerika die Grenze wieder zu, sagt, für dieses Jahr hätte es schon der Ostjuden genug, und nun sitzt man da und wartet auf das nächste Jahr.
Dann endlich fährt man vierter Klasse Personenzug sechs Tage nach Hamburg. Man wartet weitere zwei Wochen auf das Schiff. Schließlich besteigt man es. Und während alle Passagiere mit Schnupftüchern winken und dem Weinen nahe sind, ist der jüdische Emigrant zum erstenmal in seinem Leben froh. Er hat Angst, aber auch Gottvertrauen. Er fährt in ein Land, das alle Ankommenden mit einer riesengroßen Freiheitsstatue grüßt. Diesem riesigen Monument muß die Wirklichkeit einigermaßen entsprechen.
Einigermaßen entspricht die Wirklichkeit dem Symbol. Aber nicht etwa deshalb, weil man es drüben mit der Freiheit aller Menschen so ernst nimmt, sondern weil es drüben noch jüdischere Juden gibt, nämlich Neger. Dort ist ein Jude zwar ein Jude. Aber er ist in der Hauptsache ein Weißer. Zum erstenmal bietet ihm seine Rasse einen Vorteil.
Der Ostjude fährt dritter Klasse, beziehungsweise Zwischendeck. Die Überfahrt ist besser, als er es sich vorgestellt hat, aber die Landung ist schwieriger.

Schon die ärztliche Untersuchung im europäischen Hafen war übel genug. Nun kommt auch noch eine strengere Untersuchung. Und irgendwo stimmen die Papiere nicht ganz.

Es sind zwar richtige, mit großer Mühe erhaltene Papiere. Aber sie sehen dennoch so aus, als ob sie nicht stimmten.

Möglich auch, daß auf dem Schiff ein Ungeziefer sich ins Hemd des Juden geschlichen hat.

Alles ist möglich.

Und der Jude kommt in eine Art Gefangenschaft, die man Quarantäne nennt, oder ähnlich.

Ein hoher Zaun schützt Amerika vor ihm.

Durch die Gitter seines Kerkers sieht er die Freiheitsstatue, und er weiß nicht, ob er oder die Freiheit eingesperrt ist.

Er darf nachdenken, wie es in New York sein wird. Er kann sich's kaum vorstellen.

So aber wird es sein: er wird zwischen zwölfstöckigen Häusern, zwischen Chinesen, Ungarn und anderen Juden wohnen, wieder ein Hausierer sein, wieder die Polizei fürchten, wieder schikaniert werden.

Seine Kinder werden vielleicht Amerikaner werden. Vielleicht berühmte Amerikaner, reiche Amerikaner. Könige irgendeines Materials.

Davon träumt der Jude hinter den Gittern seiner Quarantäne.

DIE LAGE DER JUDEN IN SOWJETRUSSLAND

Auch im alten Rußland waren die Juden eine »nationale Minderheit«; aber eine mißhandelte. Durch Verachtung, Unterdrückung und Pogrom kennzeichnete man die Juden als eine eigene Nation. Man war nicht etwa bestrebt, sie durch Vergewaltigung zu assimilieren. Man war bestrebt, sie abzugrenzen. Die Mittel, die man gegen sie anwandte, sahen so aus, als wollte man sie vertilgen.

In den westlichen Ländern war der Antisemitismus vielleicht ein primitiver Abwehrinstinkt. Im christlichen Mittelalter ein religiöser Fanatismus. In Rußland war der Antisemitismus ein Mittel zu regieren. Der einfache Muschik war kein Antisemit. Der Jude war ihm kein Freund, sondern ein Fremder. Rußland, das für so viele Fremde Raum hatte, war auch frei für diesen. Der Halbgebildete und der Bürger waren Antisemiten – weil der Adel es war. Der Adel war es, weil der Hof es war. Der Hof war es, weil der Zar, für den es sich nicht schickte, seine eigenen, rechtgläubigen »Landeskinder« zu fürchten, vorgab, nur die Juden zu fürchten. Man schrieb ihnen infolgedessen Eigenschaften zu, die sie allen Ständen gefährlich erscheinen ließen: für den einfachen »Mann aus dem Volke« wurden sie Ritualmörder; für den kleinen Besitzer Zerstörer des Eigentums; für den höheren Beamten plebejische Schwindler, für den Adel gefährliche, weil kluge Sklaven; für den kleinen Beamten endlich, den Funktionär aller Stände, waren die Juden alles: Ritualmörder, Krämer, Revolutionäre und Pöbel.

In den westlichen Ländern brachte das 18. Jahrhundert die Emanzipation der Juden. In Rußland begann der offizielle, legitime Antisemitismus in den 80er Jahren des 19. Jahrhunderts. In den Jahren 1881–82 organisierte Plehwe, der spätere Minister, die ersten Pogrome in Südrußland. Sie sollten die revolutionären jungen Juden abschrecken. Aber der gedungene Pöbel, der sich nicht für Attentate rächen, sondern nur plündern wollte, überfiel die Häuser der reichen konservativen Juden, auf die man es gar nicht abgesehen hatte. Man ging deshalb zu den sogenannten »stillen Pogromen« über, schuf die bekannten »Ansiedlungsbereiche«, vertrieb die jüdischen Handwerker aus den großen Städten, bestimmte einen Numerus clausus für die jüdischen Schulen (3 : 100) und unterdrückte die jüdische Intelligenz an den Hochschulen. Da aber gleichzeitig der jüdische Millionär und Eisenbahn-Unternehmer Poljakow ein intimer Freund des Zarenhofes war und man seinen Angestellten den Aufenthalt in den großen Städten gestatten mußte, wurden Tausende russischer Juden Poljakows »Angestellte«. Derlei Auswege gab es viele. Der Schlauheit der Juden entsprach die Bestechlichkeit der Beamten. Deshalb ging man in den ersten Jahren des 20. Jahrhunderts wieder zu den offenen Pogromen über und zu den kleinen und großen Ritualmordprozessen . . .

Heute ist Sowjetrußland das einzige Land in Europa, in dem der Antisemitismus verpönt ist, wenn er auch nicht aufgehört hat. Die Juden sind vollkommen freie Bürger – mag ihre Freiheit auch noch nicht die Lösung der jüdischen Frage bedeuten. Als Individuen sind sie frei von Haß und Verfolgung. Als Volk haben sie *alle* Rechte einer »nationalen

Minderheit«. Die Geschichte der Juden kennt kein Beispiel einer so plötzlichen und einer so vollkommenen Befreiung.

Von den zwei Millionen siebenhundertfünfzigtausend Juden in Rußland sind: 300 000 organisierte Arbeiter und Angestellte; 130 000 Bauern; 700 000 Handwerker und freie Berufe. Der Rest besteht: a) aus Kapitalisten und »Deklassierten«, die als »unproduktive Elemente« gelten; b) aus kleinen Händlern, Vermittlern, Agenten, Hausierern, die als nicht produzierende, aber proletarische Elemente angesehen werden. Die *Kolonisation* der Juden wird eifrig betrieben – zum Teil mit amerikanischem Geld, das vor der Revolution fast ausschließlich der Palästina-Kolonisation zugute kam. Es gibt jüdische Kolonien in der Ukraine, bei Odessa, bei Cherson, in der Krim. Seit der Revolution sind 6000 jüdische Familien zur Landarbeit herangezogen worden. Im ganzen wurden 102 000 Desjatinen Acker den jüdischen Bauern zugeteilt. Gleichzeitig »industrialisiert« man die Juden, das heißt: man versucht, die »unproduktiven Elemente« als Arbeiter in den Fabriken unterzubringen und die Jugend in den (etwa 30) jüdisch »professionell-technischen« Schulen zu Facharbeitern heranzubilden.

In allen Orten mit starker jüdischer Bevölkerung gibt es Schulen mit jüdischer Unterrichtssprache; in der Ukraine allein 350 000 Frequentanten jüdischer Schulen, in Weißrußland ungefähr 90 000. Es gibt in der Ukraine 33 Gerichtskammern mit jüdischer Verhandlungssprache, jüdische Vorsteher in Kreisgerichten, jüdische Miliz-(Polizei-)Verbände. Es erscheinen drei große Zeitungen in jüdischer Sprache, drei Wochenschriften, fünf Monatshefte, es gibt einige jüdische Staatstheater, an den Hochschulen bilden die nationalen Juden einen starken Prozentsatz, in der Kommunistischen Partei ebenfalls. Es gibt 600 000 jüdische Jungkommunisten.

Man sieht aus diesen paar Zahlen und Fakten, wie man in Sowjetrußland an die Lösung der jüdischen Frage herangeht: mit dem unbeirrbaren Glauben an die Unfehlbarkeit der Theorie, mit einem etwas unbekümmerten, undifferenzierten, aber edlen und reinen Idealismus. Was verordnet die Theorie? – Nationale Autonomie! – Aber um dieses Rezept vollständig anwenden zu können, muß man aus den Juden erst eine »richtige« nationale Minderheit machen, wie es zum Beispiel die Grusinier, die Deutschen, die Weißrussen sind. Man muß die unnatürliche soziale Struktur der jüdischen Masse verändern, aus einem Volk, das von allen Völkern der Welt am meisten Bettler, amerikanische »Pensionen-Empfänger«, Schnorrer und Deklassierte hat, ein Volk mit einer landesüblichen Physiognomie machen. Und weil dieses Volk in einem sozialistischen Staat leben soll, muß man seine kleinbürgerlichen Elemente und die »unproduktiven« verbauern lassen und proletarisieren. Schließlich wird man ihnen ein geschlossenes Gebiet anweisen müssen.

Es ist selbstverständlich, daß ein so kühner Versuch nicht in einigen Jahren gelingen kann. Das Elend der armen Juden ist vorläufig nur gemildert durch die Freizügigkeit. Aber so viele auch in die neuerschlossenen Gebiete abwandern – die alten Gettos sind immer noch überfüllt. Ich glaube, daß der jüdische Proletarier schlechter lebt als jeder andere. Meine traurigsten Erlebnisse verdanke ich meinen Wanderungen durch die Moldowanka, das Judenviertel von Odessa. Da geht ein schwerer Nebel herum wie ein Schicksal, da ist der Abend ein Unheil, der aufsteigende Mond ein Hohn. Die Bettler sind hier nicht nur die übliche Fassade der Stadt, hier sind sie dreifache Bettler, denn hier sind sie zu Hause. Jedes Haus hat fünf, sechs, sieben winzige Läden. Jeder Laden ist eine Wohnung. Vor dem Fenster, das zugleich die Tür ist, steht die Werkstatt, hinter ihr das Bett, über dem Bett hängen die Kinder in Körben – und das Unglück wiegt sie hin und her. Große, vierschrötige Männer kehren heim: es sind die jüdischen Lastträger vom Hafen. Inmitten ihrer kleinen, schwachen, hysterischen, blassen Stammesgenossen sehen sie fremd aus, eine wilde, barbarische Rasse, unter alte Semiten verirrt. Alle Handwerker arbeiten bis in die späten Nachtstunden. Aus allen Fenstern weint ein trübes, gelbes Licht. Das sind merkwürdige Lichter, die keine Helligkeit verbreiten, sondern eine Art Finsternis mit hellem Kern. Sie sind nicht verwandt mit dem segensreichen Feuer. Sie sind nur Seelen von Dunkelheiten . . .

Die alte, die wichtigste Frage stellt die Revolution überhaupt nicht: ob die Juden eine Nation sind wie jede andere; ob sie nicht weniger oder mehr sind; ob sie eine Religionsgemeinschaft, eine Stammesgemeinschaft oder nur eine geistige Einheit sind; ob es möglich ist, ein Volk, das sich durch die Jahrtausende nur durch seine Religion und die Ausnahmestellung in Europa erhalten hat, unabhängig von seiner Religion als »Volk« zu betrachten; ob in diesem besonderen Fall eine Trennung von Kirche und Nationalität möglich ist; ob es möglich ist, aus Menschen mit ererbten geistigen Interessen Bauern zu machen; aus stark geprägten Individualitäten Individuen mit Massenpsychologie.

Ich habe jüdische Bauern gesehn: sie haben freilich keinen Getto-Typus mehr, sie sind Landmenschen, aber sie unterscheiden sich sehr deutlich von anderen Bauern. Der russische Bauer ist zuerst Bauer und dann Russe; der jüdische zuerst Jude und dann Bauer. Ich weiß, daß diese Formulierung jeden »konkret eingestellten« Menschen sofort zu der höhnischen Frage reizt: »Woher wissen Sie das?!« – Ich sehe das. Ich sehe, daß man nicht umsonst 4000 Jahre Jude gewesen ist, nichts als Jude. Man hat ein altes Schicksal, ein altes, gleichsam erfahrenes Blut. Man ist ein geistiger Mensch. Man gehört einem Volk an, das seit 2000 Jahren keinen einzigen Analphabeten gehabt hat, einem Volk mit mehr Zeitschriften als Zeitungen, einem Volk, wahrscheinlich dem einzigen der Welt, dessen Zeitschriften eine weit höhere Auflage haben als seine Zeitungen. Während ringsum die andern Bauern erst mühselig zu schreiben und zu lesen anfangen, wälzt der Jude hinter dem Pflug die Probleme der Relativitätstheorie in seinem Hirn. Für Bauern mit so komplizierten Gehirnen sind noch keine Ackergeräte erfunden worden. Ein primitives Gerät erfordert einen primitiven Kopf. Ein Traktor selbst ist, verglichen mit dem dialektischen Verstand des Juden, ein einfaches Werkzeug. Die Kolonien der Juden mögen gut erhalten, sauber, ertragreich sein. (Bis jetzt sind es nur sehr wenige.) Aber sie sind eben »Kolonien«. Sie werden keine Dörfer.

Ich kenne den billigsten aller Einwände: daß die Ahle, der Hobel, der Hammer der jüdischen Handwerker gewiß nicht komplizierter sind als der Pflug. Aber dafür ist die Arbeit eine unmittelbar schöpferische. Den schöpferischen Prozeß bei der Entstehung des Brotes besorgt die Natur. Aber die Erschaffung eines Stiefels besorgt der Mensch ganz allein.

Ich kenne auch den andern Einwand: daß so viele Juden Fabriksarbeiter sind. Aber erstens sind die meisten gelernte Facharbeiter; zweitens halten sie ihr hungriges Gehirn schadlos für die mechanische Handarbeit durch geistige Nebenbeschäftigung, durch künstlerischen Dilettantismus, durch eine verstärkte politische Tätigkeit, durch eifrige Lektüre, durch Mitarbeit an Zeitungen; drittens kann man gerade in Rußland eine zwar nicht zahlenmäßig starke, aber ständige Abwanderung jüdischer Arbeiter aus Fabriken beobachten. Sie werden Handwerker, also selbständig – wenn auch nicht Unternehmer.

Ein kleiner jüdischer »Heiratsvermittler« – kann er ein Bauer werden? Seine Beschäftigung ist nicht nur unproduktiv, sie ist in einem gewissen Sinn auch unmoralisch. Er hat schlecht gelebt, wenig verdient, mehr

»geschnorrt« als gearbeitet. Aber welch eine verwickelte, schwierige, wenn auch verwerfliche Arbeit hat sein Gehirn geleistet, um »eine Partie« zu vermitteln, einen geizigen, reichen Volksgenossen zu einem beträchtlichen Almosen zu veranlassen? Was soll dieses Gehirn in der tödlichen Ruhe?

Die »Produktivität« der Juden ist ja niemals eine grob sichtbare. Wenn zwanzig Generationen unproduktiver Grübler nur dazu gelebt haben, um einen einzigen Spinoza hervorzubringen; wenn zehn Generationen Rabbiner und Händler nötig sind, um *einen* Mendelssohn zu zeugen; wenn dreißig Generationen bettelnder Hochzeitsmusikanten nur dazu geigen, damit *ein* berühmter Virtuose entstehe, so nehme ich diese »Unproduktivität« in Kauf. Vielleicht wären auch Marx und Lassalle ausgeblieben, wenn man aus ihren Vorfahren Bauern gemacht hätte.

Wenn man also in Sowjetrußland Synagogen in Arbeiterklubs verwandelt und die Talmudschulen verbietet, weil sie angeblich religiöse sind, so müßte man sich zuerst ganz klar darüber sein, was bei den Ostjuden Wissenschaft, was Religion, was Nationalität ist. Aber Wissenschaft ist ja bei ihnen Religion, und Religion – Nationalität. Ihren Klerus bilden ihre Gelehrten, ihr Gebet ist eine nationale Äußerung. Was aber jetzt in Rußland als »nationale Minderheit« Rechte und Freiheit genießen wird, Land bekommt und Arbeit – das ist eine ganz andere jüdische Nation. Das ist ein Volk mit alten Köpfen und neuen Händen; mit altem Blut und verhältnismäßig neuer Schriftsprache; mit alten Gütern und neuer Lebensform; mit alten Talenten und neuer Nationalkultur. Der Zionismus wollte Tradition *und* neuzeitlichen Kompromiß. Die nationalen Juden Rußlands blicken nicht zurück, sie wollen nicht die *Erben* der alten Hebräer sein, sondern nur ihre Nachkommen.

Selbstverständlich weckt ihre plötzliche Freiheit hier und dort einen heftigen, wenn auch stillen Antisemitismus. Wenn ein arbeitsloser Russe sieht, daß ein Jude in einer Fabrik Aufnahme findet, um »industrialisiert« zu werden, wenn ein Bauer, den man enteignet hat, von der jüdischen Kolonisation hört, so regt sich gewiß in beiden der alte, häßliche, künstlich gezüchtete Instinkt. Aber während er im Westen eine »Wissenschaft« geworden ist, der Blutdurst bei uns eine politische »Gesinnung« ist, bleibt im neuen Rußland der Antisemitismus eine Schande. Die öffentliche Scham wird ihn umbringen.

Wird in Rußland die Judenfrage gelöst, so ist sie in allen Ländern zur

Hälfte gelöst. (Jüdische Emigranten aus Rußland gibt es noch kaum, eher jüdische Einwanderer.) Die Gläubigkeit der Massen nimmt in einem rapiden Tempo ab, die stärkeren Schranken der Religion fallen, die schwächeren nationalen ersetzen sie schlecht. Wenn diese Entwicklung dauert, ist die Zeit des Zionismus vorbei, die Zeit des Antisemitismus – und vielleicht auch die des Judentums. Man wird es hier begrüßen und dort bedauern. Aber jeder muß achtungsvoll zusehn, wie ein Volk befreit wird von der Schmach zu leiden und ein anderes von der Schmach zu mißhandeln; wie der Geschlagene von der Qual erlöst wird und der Schlagende vom Fluch, der schlimmer ist als eine Qual. Das ist ein großes Werk der russischen Revolution.

Es ist mir eine höchst erwünschte Pflicht, den geschätzten Leser zum Schluß auf die Tatsache hinzuweisen, daß sich wahrscheinlich die Verhältnisse der Juden in Sowjet-Rußland, so, wie ich sie im letzten Abschnitt zu schildern versucht habe, geändert haben dürften. Zahlen und Ziffern stehen mir nicht zur Verfügung. Meine im Vorliegenden mitgeteilten Angaben hatte ich von einer Studienreise in Rußland mitgebracht. Die gewiß unzuverlässigen, weil tendenziösen Angaben, die ich vielleicht aus Moskau erhalten könnte, darf ich nicht verwenden, wenn ich nach bestem Wissen und Gewissen Zeugnis ablegen soll. Aber ich bin gewiß, daß sich in der *prinzipiellen* Haltung Sowjet-Rußlands den Juden gegenüber nichts geändert hat. Auf dieses Prinzip aber kommt es an; nicht auf die Zahlen.

Es ist vielleicht gestattet, an dieser Stelle auf das schauerlichste Ereignis des letzten Jahres hinzuweisen, und zwar mit Bezug auf meine Mitteilungen über den jüdischen Bannfluch, der nach der Vertreibung der Juden aus Spanien von den Rabbinern ausgesprochen wurde: auf den Spanischen Bürgerkrieg. Wenigen Lesern wird wahrscheinlich die Version bekannt sein, der zufolge in diesen Jahren der Cherem, der große Bannfluch, erlöschen sollte. Ich darf mir selbstverständlich nicht anmaßen, eine deutliche Beziehung zwischen dem Metaphysischen und der so grauenhaften Realität herzustellen. Aber ich darf es wohl verantworten, wenn ich auf diese immerhin frappierenden Tatsachen hinweise.

Ich will nicht etwa die Formulierung gelten lassen: just, wenn der Bannfluch erlischt, beginnt die größte Katastrophe, die Spanien jemals gekannt hat. Ich will nur auf diese – gewiß mehr, als nur kuriose – Gleichzeitigkeit hingewiesen haben; und auf jenen Satz der Väter, der lautet: »Das Gericht des Herrn tagt zu jeder Stunde, hier unten und dort oben.«

Es vergehen manchmal Jahrhunderte – aber das Urteil ist unausbleiblich.

Im Juni 1937   Joseph Roth

I

Als ich vor vielen Jahren dieses Buch schrieb, das ich jetzt in abgeänderter Fassung den Lesern wieder darbieten möchte, gab es noch kein akutes Westjuden-Problem. Es handelte sich nur damals in der Hauptsache darum, den Nichtjuden und Juden Westeuropas Verständnis für das Unglück der Ostjuden beizubringen: insbesondere im Lande der unbegrenzten Möglichkeiten, das nicht etwa Amerika heißt, sondern Deutschland. Ein latenter Antisemitismus war freilich immer dort (wie überall) vorhanden. In dem begreiflichen Bestreben, ihn entweder nicht zur Kenntnis zu nehmen oder ihn zu übersehen, und in jener tragischen Verblendung, die bei vielen, bei den meisten Westjuden den verlorenen oder verwässerten Glauben der Väter zu ersetzen scheint und die ich den Aberglauben an den Fortschritt nenne, fühlten sich die deutschen Juden trotz allerhand bedrohlichen antisemitischen Symptomen als ebenbürtige Deutsche; an hohen Feiertagen bestenfalls als jüdische Deutsche. Manche unter ihnen waren leider oft versucht, für die Äußerungen der antisemitischen Instinkte die nach Deutschland eingewanderten Ostjuden verantwortlich zu machen. Es ist eine – oft übersehene – Tatsache, daß auch Juden antisemitische Instinkte haben können. Man will nicht durch einen Fremden, der eben aus Lodz gekommen ist, an den eigenen Großvater erinnert werden, der aus Posen oder Kattowitz stammt. Es ist die ignoble, aber verständliche Haltung eines gefährdeten Kleinbürgers, der eben im Begriff ist, die recht steile Leiter zur Terrasse der Großbourgeoisie mit Freiluft und Fernaussicht emporzuklimmen. Beim Anblick eines Vetters aus Lodz kann man leicht die Balance verlieren und abstürzen.

In dem Bestreben, jene Terrasse zu erreichen, auf der Adelige, christliche Industrielle und jüdische Finanzmenschen unter bestimmten Umständen geneigt waren, vorzugeben, daß sie alle gleich seien, und ihre Gleichheit so nachdrücklich betonten, daß jeder Empfindliche deutlich hätte hören können, daß sie eigentlich alle ihre Ungleichheit betonten, warf der deutsche Jude seinem Glaubensgenossen sehr schnell ein Al-

Vorwort von 1937 für eine geplante Neuausgabe im Verlag Allert de Lange, Amsterdam.   Anmerkung des Herausgebers

mosen zu, um nur nicht am Aufstieg behindert zu werden. Almosen einem Fremden geben ist die schimpflichste Art der Gastfreundschaft; aber immerhin noch Gastfreundschaft. Es gab aber manche deutsche Juden – und einer ihrer Repräsentanten büßt heute im Konzentrationslager –, die sich nicht nur einbildeten, ohne den Zuzug der ostjüdischen Menschen wäre alles in Butter, schlimmstenfalls in deutscher Margarine, sondern die sogar auch den plebejischen Büttel auf den hilflosen Fremdling hetzten, wie man Hunde hetzt auf Landstreicher. Als aber dann der Büttel zur Macht kam, der Hausmeister die »herrschaftliche Wohnung« okkupierte, alle Kettenhunde sich losrissen, sah der deutsche Jude, daß er heimatloser und schutzloser war als noch vor einigen Jahren sein Vetter aus Lodz. Er war hochmütig geworden. Er hatte den Gott seiner Väter verloren und einen Götzen, den zivilisatorischen Patriotismus, gewonnen. Ihn aber hatte Gott nicht vergessen. Und er schickte ihn auf die Wanderung: ein Leid, das den Juden gemäß ist – – und allen andern auch. Auf daß sie nicht vergessen, daß nichts in dieser Welt beständig ist, auch die Heimat nicht; und daß unser Leben kurz ist, kürzer noch als das Leben der Elephanten, der Krokodile und der Raben. Sogar Papageien überleben uns.

II

Nun scheint es mir an der Zeit, die deutschen Juden vor ihren Lodzer Vettern ebenso zu verteidigen, wie ich damals die Lodzer Vettern vor den Deutschen zu verteidigen versucht hatte. Der deutsche Jude ist nicht einmal ein Ostjude. Das Wandern hat er verlernt, das Leiden und das Beten. Er kann nur arbeiten – und gerade dieses erlaubt man ihm nicht. Von den 600 000 deutschen Juden sind etwa 100 000 ausgewandert. Die Mehrzahl findet nirgends Arbeit. Ja, sie dürfen nicht einmal Arbeit suchen. Die Reisepässe laufen ab und werden ungültig. Und man weiß, daß die zeitgenössischen Menschenleben fast ebenso von den Pässen abhängig sein können wie die altertümlichen von den bekannten Fäden. Mit den von den klassischen Parzen ererbten Scheren stehen sie da, Gesandtschaften, Konsulate, Geheime Staatspolizisten. Unglückliche werden von niemandem geliebt, nicht einmal von ihren nächsten Kollegen, den Unglücklichen; lediglich von Frommen und Heiligen, die man in dieser plebejisierten Welt ebenso verachtet wie die Juden. Wohin soll man gehn? Der Emigrant errät dank der Feinfühligkeit seiner Wirrnis, die den sechsten Sinn verleiht, jene unsichtbare Inschrift, die ringsum, an allen Grenzen, ihm zuruft: »Bleibe im Lande und stirb elend!«

Diese ausgewanderten deutschen Juden bilden gleichsam ein ganz neues Volk: sie haben verlernt, Juden zu sein; sie fangen an, das Judensein langsam zu erlernen. Sie können nicht vergessen, daß sie Deutsche sind, und sie können auch ihr Deutschtum nicht verlernen. Wie Schnecken sind sie, die zwei Häuser zugleich auf ihrem Rücken tragen. In allen fremden Ländern, in den exotischen gar, wirken sie deutsch. Sie können es nicht so leicht leugnen, wenn sie nicht lügen wollen. Ach! die gemeine Welt denkt in herkömmlichen, faulen, abgegriffenen Schablonen. Sie fragt einen Wanderer nicht nach dem Wohin, sondern nach dem Woher. Indessen ist einem Wanderer doch das Ziel wichtig, und nicht der Ausgangspunkt.

III

Wenn eine Katastrophe hereinbricht, sind die Menschen nebenan hilfreich aus Erschütterung. Das ist die Wirkung akuter Katastrophen. Es scheint, daß die Menschen wissen, daß Katastrophen kurz sind. Aber chronische Katastrophen können die Nachbarn so wenig ertragen, daß ihnen allmählich Katastrophen und deren Opfer gleichgültig, wenn nicht unangenehm werden. So tief eingepflanzt ist in den Menschen der Sinn für Ordnung, Regel und Gesetz, daß sie der gesetzlosen Ausnahmen, der Verwirrung, dem Wahn und dem Irrsinn nur eine knappe Zeitspanne zugestehen wollen. Wenn der Wahn aber lange dauert, erlahmen die hilfreichen Arme, erlischt das Feuer der Barmherzigkeit. Man gewöhnt sich an das eigene Unglück, weshalb nicht an das Unglück des Nächsten, insbesondere an das Unglück der Juden?

Viele Wohltätigkeitskomitees haben sich aufgelöst, freiwillig und unfreiwillig. Ein paar großzügige Wohltäter können einem Massenelend nicht steuern. Den sogenannten »intellektuellen« emigrierten Juden sind alle europäischen Länder als Berufsstätten versperrt, ebenso alle Kolonien. Palästina hat, wie man weiß, nur ein paar tausend aufnehmen können. Aus Argentinien, Brasilien, Australien kommen viele nach kurzer Zeit zurück. Die Länder hielten nicht, was die Komitees versprochen hatten – sich selbst wie den Emigranten. Von jenen, die dort bleiben, weiß ich nicht, in welchem Zustand sie sich befinden: das heißt im lebenden oder im toten. Einzelnen gelingt manches: es ist ein ewiges Naturgesetz. Gründlich geholfen hat die Welt nicht; nicht einmal zweckmäßig. Wie hätte man es auch von dieser Welt erwarten können?

IV

In einer solchen Welt ist es nicht nur unmöglich, daß die Emigranten Arbeit und Brot bekommen: das ist beinahe selbstverständlich. Aber es ist auch unmöglich, daß sie ein sogenanntes »Papier« bekommen. Und was ist ein Mensch ohne Papiere? Weniger als ein Papier ohne einen Menschen! Der sogenannte »Nansen-Paß«, mit dem die russischen Emigranten nach der Revolution ausgestattet wurden und der ihnen – nebenbei gesagt – auch keine ungehinderte Bewegungsfreiheit verschafft hat, kommt für die deutschen Emigranten nicht in Frage. Freilich gibt es beim Völkerbund eine Stelle – einen englischen Kommissar –, dessen Aufgabe es ist, die »Papier-Verhältnisse« der deutschen Emigranten zu regeln. Allein, wir kennen den Völkerbund, seine schwerfällige Administration und die goldenen Ketten, mit denen die Hände seiner auch gutwilligen Kommissare gebunden sind. Der einzige Staat, der bis jetzt den deutschen Emigranten gültige Papiere ausgestellt hat – die aber auch nicht volle Bewegungsfreiheit bedeuten – ist Frankreich. Auch diese Papiere wurden nur einer beschränkten Anzahl deutscher Emigranten ausgefolgt, jenen, die vor einem bestimmten Termin nach Frankreich geflüchtet waren – und nur unter gewissen Bedingungen. Es ist schwierig, wenn nicht unmöglich, selbst auf einem solchen legalen Papier ein Visum eines anderen beliebigen Staates zu erhalten. Italien, Polen, Litauen, England sogar lassen Staatenlose ungern ins Land. Mit einem solchen Papier kann eigentlich nur ein »prominenter« Flüchtling reisen: ein jüdischer Journalist, Zeitungsherausgeber, Filmschauspieler, Regisseur: sie kennen die Botschafter und Gesandten meist persönlich. Aber man frage sich, auf welche Weise zum Beispiel ein armer jüdischer Schneider in die Kanzlei eines Legationsrates gelangt? Es ist ein abstruser Zustand: man ist ein Wanderer und dennoch festgeklemmt; man flüchtet und ist zurückgehalten; man muß unstet sein und darf sich nicht rühren. Und man muß noch Gott und insbesondere der Polizei dafür danken.

In manchen Kulturländern Europas veranstalten alljährlich die Tierschutzvereine seltsame Flugexpeditionen nach dem Süden: man sammelt die Zugvögel, die von ihren Artgenossen im Herbst zurückgelassen wurden, und befördert sie in Käfigen nach Italien – wo sie übrigens vom Volke abgeschossen und gebraten werden. Wo gibt es einen Menschen-Schutzverein, der unsere Artgenossen ohne Paß und ohne Visum in das von ihnen ersehnte Land bringen wollte? Fünftausend Schwalben, die doch offenbar einem unerforschlichen, unerforschten Naturgesetz zufolge zurückgeblieben sind, haben mehr Wert, als 50 000 Menschen? Ein Vogel braucht keinen Paß, kein Reisebillett, kein Visum – – und ein Mensch wird eingesperrt, wenn ihm eins von den dreien fehlt? Sind die Menschen bereits den Vögeln näher als den Menschen? Tierpeiniger werden bestraft und Menschenpeiniger mit Orden ausgezeichnet. Den Zugvögeln gleich – obwohl sie es nicht so nötig haben – werden auch sie zuweilen von Nord nach Süd, von Süd nach Nord in Flugzeugen befördert. Kein Wunder, daß der Tierschutz-Verein in allen Ländern, in allen Schichten der Bevölkerung populärer ist als der Völkerbund.

V

Zum Wandern verurteilt sind auch jene Juden, die in Deutschland geblieben sind. Aus den ganz kleinen Städten müssen sie in größere ziehn, aus den größeren in große und, hier und dort aus den großen ausgewiesen, wieder zurück in kleinere. Aber selbst, wenn sie faktisch seßhaft bleiben, welch eine Wanderung vollzieht sich mit ihnen, in ihnen, um sie herum! Man wandert von Freunden fort, vom gewohnten Gruß, vom vertrauten Wort. Man schließt die Augen, um es nicht wahr sein zu lassen, was sie soeben wahrgenommen haben, und es ist eine Wanderung in eine gelogene, gewollte, falsche Nacht. Man wandert vom Schrecken, den man eben erfahren hat, in die Furcht, die gewaltigere Schwester des Schreckens, und man versucht, sich in ihr, der unheimlichen, behaglich und wohlig zu fühlen. Man wandert in die Lüge – – in die schlimmste Art der Lüge, nämlich in die Selbstlüge. Man wandert aber auch von einer Behörde zur andern, vom Polizeikommissariat zum Polizeipräsidium, vom Steueramt zur nationalsozialistischen Parteistelle, man wandert vom Konzentrationslager zur Polizei, von hier zum

Gericht, vom Gericht ins Gefängnis, aus dem Gefängnis ins Besserungslager. Das jüdische Kind in Deutschland beginnt im zarten Alter seine unheimliche Wanderung aus dem natürlichen, der kindlichen Seele gemäßen Vertrauen in Angst, Haß, Fremdheit und Mißtrauen. Es wandert in der Klasse, die Schulbänke entlang, von der ersten bis zur letzten, und selbst, wenn es schon Platz genommen hat, scheint es ihm, als ob es wanderte. Man wandert von einem Nürnberger Gesetz zum andern. Man wandert von einem Zeitungsstand zum andern, als hoffe man, eines Tages würden doch dort die Wahrheiten feilgeboten werden. Man wandert in jenen gefährlichen opiatischen Spruch hinein, der da heißt: »Alles nimmt ein Ende!«, und bedenkt nicht, daß man selbst wahrscheinlich früher ein Ende nehmen wird. Man wandert – nein, man torkelt in die lächerliche Hoffnung: »Es wird nicht so schlimm werden!« – und diese Hoffnung ist nichts anderes als eine moralische Korruption.

Man bleibt und wandert dennoch: eine Art Akrobatie, derer nur die Unglücklichsten fähig sind, die Sträflinge vom Bagno.

Es ist das Bagno der Juden.

VI

Es ist schlimmer als die Babylonische Gefangenschaft. An den Ufern der Spree, der Elbe, des Mains, des Rheins und der Donau darf man nicht nur nicht baden, sondern auch nicht sitzen und weinen; höchstens im sogenannten »Kulturbund«, dem staatlich erlaubten geistigen Zentrum des neuen Gettos.

Dieser Kulturbund, so edlen Intentionen er auch seinen Ursprung verdanken mag, erscheint als eine unerlaubte Konzession der Juden an die barbarischen Theorien des Nationalsozialismus. Denn er basiert nicht auf der Voraussetzung – der auch so viele Juden heute zustimmen –, daß sie eine eigenartige Rasse seien, sondern auf dem Zugeständnis (implicite), daß sie eine *inferiore* seien. Während man zum Beispiel einem tibetanischen, japanischen, kaukasischen Kulturbund keineswegs verboten hätte, Goethe oder Beethoven aufzuführen, verbietet man's den Juden des Kulturbunds. Gesetzt den Fall, die deutschen Juden gingen mit den Nationalsozialisten in der Auffassung ganz konform, daß die Juden ein anderes Volk seien als die Deutschen, (es sei auch deren »Gastvolk« seit langer Zeit), so liegt eine schwere Diskriminierung in der Tatsache, daß man einem fremden Volk verbietet, deutsche Kunst aufzuführen. Eine Diskriminierung, die die Juden des Kulturbunds ohne weiteres akzeptiert haben: und a priori. Nicht als eine Minderheit wurden sie behandelt, sondern als eine *Minderwertigkeit*. Es erschien ihnen selbstverständlich. Ihre Vorstellungen, ihre Konzerte, ihre Versammlungen werden von einem Kommissar überwacht, dem sie außerdem noch ihre Reverenz erweisen müssen, wie seinerzeit am Berliner Alexanderplatz die »Witwenbälle« von Kriminalkommissären überwacht waren, in den Kaschemmen.

Kann man von einem Mangel an Stolz der deutschen Juden sprechen? Mein Mitgefühl für sie bekäme jenen verdächtigen Beigeschmack der Sentimentalität, die in Wahrheit ein echtes Mitgefühl ausschließt oder aufhebt. Man kann nicht »ein Auge zudrücken«, wenn von den Fehlern der deutschen Juden die Rede ist. Nachsicht verdienen sie, aber keine Blindheit. Bei den Pogromen in Kischinew – wie lang ist es her, daß Europa noch Europa war und daß England dem Zaren zu verstehen gab, was es heute dem Gefreiten des Weltkriegs bescheiden vorenthält – setzten sich die Juden zur Wehr. Sie erschlugen 61 Kosaken. Die jüdischen Fleischhauer in Ungarn stellten sich den »weißen« Horden entgegen, schlugen sie oft in die Flucht. In Deutschland hat ein einziger Jude geschossen – am »Tag des Boykotts«! (Er wurde selbstverständlich umgebracht.)

Womit sollte man diese fischblütige Art erklären, auf die perfidesten Infamien zu reagieren? Etwa mit der Gläubigkeit? Die Mehrzahl der deutschen Juden zahlte Steuern an die israelitische Kultusgemeinde, mehrere abonnierten das Hamburger Israelitische Familienblatt: damit erschöpfte sich ihre Beziehung zum Judentum. (Ich spreche hier selbstverständlich nicht von den Zionisten und den »bewußt nationalen« Juden, sondern von den »deutschen Staatsbürgern jüdischer Konfession«.) Wenn man die Namen ihrer für Deutschland gefallenen Brüder von Ehrentafeln und Denkmälern auslöscht, und also mit *einem* Schlag an den Juden sowohl Leichen- als auch Lebendigen-Schändung vornimmt, wenn man ihnen Brot, Ehre, Erwerb, Besitz gesetzmäßig raubt, schweigen sie und leben weiter. Nicht weniger als fünfhunderttausend Menschen leben in dieser Schmach weiter, gehen auf die friedliche Straße, fahren Tramway und Eisenbahn, zahlen Steuern, schreiben Briefe: es ist nicht vorstellbar, wieviel ein einmal Gedemütigter an Schimpf ertragen kann.

Die deutschen Juden sind doppelt Unglückliche: sie erleiden nicht nur die Schmach, sie ertragen sie sogar. Die Fähigkeit, sie zu ertragen, ist der größere Teil des Unglücks.

VII

Es gibt keinen Rat, keinen Trost, keine Hoffnung. Möge man sich darüber klar sein, daß der »Rassismus« keine Kompromisse kennt. Millionen von Plebejern brauchen dringend ein paar armselige Hunderttausend Juden, damit sie bestätigt erhalten, schwarz auf weiß, daß sie bessere Menschen sind. Die Hohenzollern (und mit ihnen der deutsche Adelsklub) haben den Hausmeistern ihre Reverenz erwiesen. Was können da noch Juden erwarten. Der Pöbel ist schon unerbittlich genug, wenn er sich, gesetzlos und blinden Instinkten gehorchend, zusammenrottet. Wie erst, wenn er sich organisiert? – Wenn es den deutschen Juden ein Trost sein kann, so mögen sie daran denken, daß sie in einer ähnlichen Weise den Schimpf ertragen wie das Haus der Hohenzollern – – (das allerdings bedeutend jünger ist als das Geschlecht der Juden).

Nichts hätte dem nationalsozialistischen Regime so sehr geschadet als etwa die wohlorganisierte, prompte Auswanderung aller Juden und aller Judenstämmlinge aus Deutschland. Der Nationalsozialismus gibt sich selbst auf, sobald er irgendeinen Kompromiß mit Juden schließt. Er zielt ja weiter, in eine Richtung, die Juden gar nicht unmittelbar angeht.

Er spricht von Jerusalem, und er meint: Jerusalem und Rom.

VIII

Es ist nur sehr wenigen, sehr auserlesenen gläubigen Christen klar, daß hier – zum erstenmal innerhalb der langen und beschämenden Geschichte der Judenverfolgungen – das Unglück der Juden mit dem der Christen identisch ist. Man prügelt den Moritz Finkelstein aus Breslau, und man meint in Wirklichkeit jenen Juden aus Nazareth. Man entzieht dem jüdischen Viehhändler aus Fürth oder Nürnberg die Konzession, aber man meint jenen Hirten in Rom, der die fromme Herde weidet. Es genügt ja in der Tat nicht, daß man ein paar Hunderttausend Menschen einer bestimmten Herkunft diffamiert und schändet. Die Söhne der Zollwächter fordern Revanche für die Austreibung der Zöllner. Das ist die echte »Stimme des Bluts«. Sie brüllt aus jedem Lautsprecher.

Freilich sind viele gläubige Christen – und selbst hohe christliche Würdenträger – dieser Einsicht unzugänglich. Die Vorgänge im Dritten Reich werden sie belehren. In ihrer Verblendung gleichen diese frommen Christen fast den deutschen Juden. Man wird zur Einsicht kommen müssen, daß jenes banale Witzwort, auf die Juden geprägt, das da lautete: »Sie sind nicht zu dertaufen«, lediglich für das Dritte Reich gilt. Es ist »nicht zu dertaufen«.

Auch nicht durch Konkordate.

IX

Von den Juden, die heute noch in Deutschland leben, wird höchstwahrscheinlich nur noch ein unwesentlicher Bruchteil auswandern können, – – und wollen. Denn auch nach einer hundertjährigen Emanzipation und einer Schein-Gleichberechtigung, die etwa 50 Jahre gedauert hat, besitzen die Juden wenn auch nicht die göttliche Gnade, leiden zu können wie ihre gläubigen Brüder, so doch die merkwürdige Fähigkeit, Unsagbares zu erdulden. Sie werden bleiben, sie werden heiraten, sich vermehren, ihre Finsternisse und Bitterkeiten vererben – und hoffen, daß eines Tages »alles anders« werde.

Eines Tages – und gewiß früher als in 1000 Jahren – wird sich freilich manches in Deutschland ändern. Aber mit der Generation, die jetzt in der Hitler-Jugend heranwächst, werden weder die Juden noch die Christen, noch die kulturbewußten Europäer erfreuliche Erfahrungen machen können. Es ist Jasons Drachensaat, die da aufgehn wird. Um die nächsten zwei Generationen der deutschen Heiden zu taufen, wird es einer ganzen Armee von Missionaren bedürfen. Solange die Deutschen nicht Christen sind, haben die Juden wenig von ihnen zu erhoffen.

Es ist also menschlichem Ermessen nach wahrscheinlich, daß die Juden noch lange Parias unter den Deutschen bleiben werden. Es sei denn, man rechnete mit der beinahe utopischen Vorstellung, daß Europa zu seinem Gewissen zurückfindet; daß ein gemeinsam anerkanntes Gesetz den törichten Standpunkt der sogenannten »Nicht-Einmischung« verbietet, der sich aus dem geradezu vulgären und plebejischen Sprichwort herleitet: »Jeder kehre vor seiner Tür.« Es ist wahrhaftig die Hausmeister-Philosophie, die seit einigen Jahrzehnten die Welt bestimmt. Vielmehr sollte jeder vor der Tür des andern kehren. Es kann mir nicht verwehrt sein, in das Haus meines Nachbarn einzudringen, wenn er im Begriff ist, seine Kinder mit der Hacke zu erschlagen. Es kann keine europäische und auch keine europäisch-christliche Moral geben, solange der Grundsatz der »Nicht-Einmischung« besteht. Weshalb denn maßen sich die europäischen Staaten an, Zivilisation und Gesittung in fernen Erdteilen zu verbreiten? Weshalb nicht in Europa? Eine jahrhundertealte Zivilisation eines europäischen Volkes beweist noch lange nicht, daß es durch einen unheimlichen Fluch der Vorsehung wieder barbarisch wird. Auch unter den Völkern in Afrika, die heute der Protektion zivilisierter Völker bedürfen, hat es bestimmt einige gegeben, deren jahrtausendalte Kultur eines Tages, eines Jahrhunderts möchte man sagen, aus unergründlichen Ursachen verschüttet worden ist. Die europäische Wissenschaft selbst beweist es.

Man redet konstant von einer »europäischen Völkerfamilie«. Wenn diese Analogie stimmen soll: wo hätte man je gesehn, daß ein Bruder dem andern nicht in den Arm fällt, wenn dieser im Begriff ist, eine Dummheit oder eine Bestialität zu begehn? Ist es mir lediglich erlaubt, dem schwarzen Kopfjäger bessere Sitten beizubringen, nicht aber dem weißen? Fürwahr, eine seltsame Art von Familie, diese »Völkerfamilie«! . . . Der Vater ist fest entschlossen, nur vor seiner eigenen Tür zu kehren; und aus dem Zimmer seines Sohnes stinkt schon der Mist zum Himmel.

X

Ich wollte, ich besäße die Gnade und die Einsicht, einen Ausweg auch nur andeuten zu können. Die Aufrichtigkeit, eine der oft verkannten bescheidenen Musen des Schriftstellers, zwingt mich zu einem pessimistischen Schluß dieses meines zweiten Vorworts:

1. Der Zionismus ist nur eine Teillösung der Judenfrage.
2. Zu vollkommener Gleichberechtigung und jener Würde, die äußere Freiheit verleiht, können die Juden erst dann gelangen, wenn ihre »Wirtsvölker« zu innerer Freiheit gelangt sind und zu jener Würde, die das Verständnis für das Leid gewährt.

3. Es ist – ohne ein Wunder Gottes – kaum anzunehmen, daß die »Wirtsvölker« zu dieser Freiheit und dieser Würde heimfinden.

Den gläubigen Juden bleibt der himmlische Trost.

Den andern das »vae victis«.

Joseph Roth

Joseph Roth · Romane
I

Hotel Savoy
Die Flucht ohne Ende
Ein Bericht
Hiob · Roman eines
einfachen Mannes ·
Radetzkymarsch
Kiepenheuer & Witsch

Joseph Roth · Romane
2

Beichte eines Mörders
erzählt in einer Nacht
Das falsche Gewicht
Die Geschichte eines
Eichmeisters
Die Kapuzinergruft
Die Geschichte von der
1002. Nacht
Kiepenheuer & Witsch

2 Bände in Kassette.
Bd. 1, 640 Seiten.
Bd. 2, 512 Seiten.

Band 1
Hotel Savoy · Die Flucht ohne Ende, Ein Bericht
Hiob, Roman eines einfachen Mannes · **Radetzkymarsch**

Band 2
Beichte eines Mörders erzählt in einer Nacht
Das falsche Gewicht, Die Geschichte eines Eichmeisters
Die Kapuzinergruft · Die Geschichte von der 1002. Nacht

Band 3 (in Vorbereitung für 1985)
Erzählungen
Kleine Prosa in Auswahl · Reisebilder in Auswahl

Joseph Roth in Einzelausgaben bei Kiepenheuer & Witsch
Das Spinnennetz · Roman
Hiob · Roman eines einfachen Mannes. KiWi 6
Radetzkymarsch · Roman
Der stumme Prophet · Roman
Das falsche Gewicht · Die Geschichte eines Eichmeisters
Die Kapuzinergruft · Roman
Die Geschichte von der 1002. Nacht · Roman
Perlefter · Die Geschichte eines Bürgers
Die Erzählungen · Die Legende vom heiligen Trinker. KiWi 27
Panoptikum · Gestalten und Kulissen. KiWi 35

**Joseph Roth
Berliner Saisonbericht
Reportagen und journalistische
Arbeiten 1920 bis 1939**
Ca. 500 Seiten.
Gebunden

Nicht jeder weiß, daß der große Romancier Joseph
Roth zeit seines Lebens als Journalist garbeitet und
gerade auf diesem Gebiet außerordentliche Leistun-
gen erbracht hat, die ihn ohne weiteres neben Kisch
und Tucholsky stellen. Viele der über 1000 Reportagen, Kritiken und Feuilletons waren bisher nicht
zugänglich. Aus diesen bisher unveröffentlichten Arbeiten der Jahre 1920 bis 1939 hat der Herausgeber
Klaus Westermann den vorliegenden Band zusam-
mengestellt. Er umfaßt Joseph Roths Artikel über den
russisch-polnischen Krieg von 1920 sowie die Berichte
über den historischen Rathenau-Prozeß und eine Reihe
von Arbeiten aus der Zeit des französischen Exils.
Hauptsächlich jedoch enthält der Band Roths Reportagen aus dem Berlin der zwanziger und dreißiger Jahre, in denen er sich der Alltagskultur und den sozialen
Fragen der Zeit in einer bis heute packenden und modernen Form als Beobachter »vor Ort« stellt. So entsteht vor dem Leser das unvergleichliche Kaleidoskop
einer ganzen Epoche.

k&w

Kiepenheuer & Witsch

Joseph Roth
Die Legende
vom heiligen
Trinker

Paperbackreihe
bei
Kiepenheuer
& Witsch

KiWi 27

»Mein Testament«, hat Joseph Roth seine 1939 ent-
standene, letzte Erzählung genannt, die lyrisch gelöst
und voll halbversteckter Ironie nichts von dem äußeren Druck zeigt, der auf ihm lastete. *Die Legende vom
heiligen Trinker* erzählt mit großer Brillanz die Geschichte vom frommen Tor, dem Clochard Andreas in
Paris, der noch an Wunder glaubt und die Illusion der
Verzweiflung vorzieht.

Joseph Roth
Panoptikum
Gestalten
und Kulissen

Paperbackreihe
bei
Kiepenheuer
& Witsch

KiWi 35

»Schauend und schreibend fuhr er durch ganz Europa,
von Moskau bis Marseille, ja bis in die finstersten Win-
kel von Albanien und Germanien. Er wurde rasch
Deutschlands berühmtester Feuilletonist, ein Prosaist
ersten Ranges, ein Meister der kurzen Prosa und der
deutschen Sprache. Die besten seiner Artikel und
Feuilletons verdienen in jeder Anthologie ›klassischer‹
deutscher Prosa ihren besonderen und schönen Platz.
Er sah mit neuen Augen und schrieb mit der Kraft des
Dichters und dem Mut des Moralisten, mit dem bei-
ßenden, zuweilen tiefen Witz des pessimistischen Skep-
tikers und mit der sanften Bitterkeit des melancholi-
schen Romantikers.« *Hermann Kesten*

Joseph Roth stellte den Band *Panoptikum* 1930 für
den Münchener Verlag Knorr & Hirth zusammen. Die
Feuilleton-Sammlung liegt seitdem zum erstenmal
wieder als Einzelausgabe vor. Die Texte stammen aus
der zweiten Hälfte der zwanziger Jahre und erschienen
größtenteils in der *Frankfurter Zeitung*, deren ständi-
ger Mitarbeiter Joseph Roth seit 1923 war.

Paperbackreihe
bei
Kiepenheuer
& Witsch

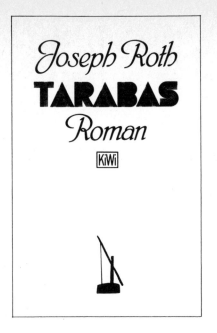

KiWi 46

Tarabas ist die Geschichte eines in die Irre gehenden und wieder heimkehrenden Sohnes. Der Held des Buches entstammt einer reichen russischen Familie, beteiligt sich in seiner Jugend an revolutionären Erhebungen, wird inhaftiert und verläßt die Heimat nach seiner Begnadigung in die USA. Nach dem tragischen Scheitern einer Liebesbeziehung zurückgekehrt nach Rußland, nimmt er als Offizier am 1. Weltkrieg teil, gerät durch die Revolution auch hier auf die Verliererseite und findet erst am Ende seines Lebens zu sich selbst zurück.

Heinrich Böll
Vermintes Gelände
Essayistische Schriften
1977-1981
KiWi

Bölls jüngste Schriften
zeigen eine Zukunft auf, in
der sich das Gelände
von neuem „vermint".
KiWi 1

Heinrich Böll
Haus ohne Hüter
ROMAN
KiWi

Ein lebendiges Stück Nach-
kriegsgeschichte und zu-
gleich eines der wichtigsten
Bücher der deutschen
Nachkriegsliteratur.
KiWi 10

Heinrich Böll
Der Angriff
Erzählungen 1947-1949
KiWi

Der Angriff ist der erste
Band einer vierbändigen
Ausgabe der *Gesammelten
Erzählungen* Heinrich Böll
in der KiWi-Reihe.
KiWi 40

Heinrich Böll
Die schwarzen Schafe
Erzählungen 1950-1952
KiWi

Mit der Währungsreform
beginnt die Restauration der
bürgerlichen Verhältnisse
und liefert Böll das Material
für eine neue literarische
Form, der Satire.
KiWi 41

Heinrich Böll
Im Tal der donnernden Hufe
Erzählungen 1953-1962
KiWi

Heinrich Bölls Ausein-
andersetzung mit der
katholischen Kirche.
KiWi 42

Heinrich Böll
Veränderungen in Staech
Erzählungen 1962-1980
KiWi

Satiren, in denen Böll die
Bizarrerien politischer
Kontrolle aufs Korn
nimmt.
KiWi 43

Paperbackreihe bei Kiepenheuer & Witsch

Paperbackreihe
bei
Kiepenheuer
& Witsch

**Heinrich Böll
Die verlorene
Ehre der
Katharina Blum**

Mit Materialien und einem
Nachwort des Autors

KiWi 62

Seit dem Erscheinen von Heinrich Bölls Erzählung
»Die verlorene Ehre der Katharina Blum« sind genau
zehn Jahre vergangen, ihre Aktualität hat sie nicht
eingebüßt. Eher ist es Zeit, ein Resümee der litera-
rischen und politischen Wirkungen zu ziehen, die dieses denkwürdige Buch gehabt hat.
Aus diesem Grunde enthält die vorliegende Ausgabe
eine Reihe von mittlerweile historischen Zeitungsarti-
keln, Rezensionen und Interviewtexten, die besonders
Schülern, Lehrern und Studenten einen großen Dienst
erweisen werden. Der Band wird abgerundet durch ein
Nachwort des Autors, in dem er die Gechichte seiner
Erzählung reflektiert.

Henry James
Roderick
Hudson

Aus dem Amerikanischen von
Werner Peterich.
448 Seiten.
Gebunden

Henry James war erst 32 Jahre alt, als sein erster
großer Roman 1875 erschien. Schon in diesem Früh-
werk über das Scheitern eines jungen amerikanischen
Künstlers in Europa erweist sich James' Meisterschaft
perspektivischen Erzählens, seine Fähigkeit, kom-
plexe menschliche Beziehungen durchsichtig zu machen und den Kontrast zwischen Amerika und Europa
darzustellen.
Rowland Mallet, ein wohlhabender Kunstliebhaber,
wird zum Mäzen des jungen Bildhauers Roderick
Hudson, den er in der Enge der amerikanischen
Provinz entdeckt und mit nach Europa nimmt. In der
ersten Begeisterung über die Kunstwerke Roms und
die belebende Atmosphäre der Stadt gelingen Roderick Hudson einige vielversprechende Skulpturen.
Doch dann erstarrt er immer mehr in Eitelkeit und
Selbstherrlichkeit und sucht Zerstreuung im gesell-
schaftlichen Leben Roms und auf Reisen. Er verliebt
sich leidenschaftlich in die extravagante, ehrgeizige
Christina Light, die jedoch bald seine Charakter-
schwächen erkennt und ihn zurückweist. Rowland
Mallet, der sich durch Rodericks selbstzerstörerische
Entwicklung in seinen Erwartungen in den jungen
Künstler enttäuscht sieht, versucht noch vermittelnd
einzugreifen; er läßt Rodericks Mutter und Braut aus
Amerika kommen. Aber Roderick Hudsons morali-
scher und künstlerischer Verfall ist nicht mehr aufzu-
halten. Nach einer letzten Begegnung mit Christina
stürzt er in den Alpen von einem Felsen. Christina
rettet sich in eine gesellschaftlich glanzvolle Ehe, ihr
weiteres Leben beschreibt Henry James in dem Roman *Prinzessin Casamassima*.

k&w
Kiepenheuer & Witsch